Vincent Lambert est mort

Olivier Delaulne

Vincent Lambert est mort

ISBN numérique : 9791040549352

EAN papier : 9791040549369

Librinova

Courriel : contact@librinova.com
Internet : www.librinova.com

Avant-propos

Entre 2013 et 2019, l'affaire Vincent Lambert a bouleversé nos repères, en défiant nos représentations de la vie, notre rapport à la mort. Elle a profondément marqué l'opinion publique française.

Pour qui souhaite se documenter, je recommande *L'affaire Vincent Lambert – enquête sur une tragédie familiale* d'Ixchel Delaporte (éditions du Rouergue, 2020) ainsi que la série documentaire *Lambert contre Lambert* (Disney+, 2023), dans laquelle s'expriment les principaux intéressés.

Le présent ouvrage, en revanche, n'est rien d'autre qu'un roman.

La narration s'appuie certes, fortement, sur la chronologie et les faits réels de l'affaire. Mais ils ont été librement sélectionnés, interprétés et modifiés.

J'ai choisi de conserver le patronyme de certains protagonistes : outre Vincent Lambert, ceux de son épouse et leur fille, sa mère, son neveu, et le premier médecin. Changer ces noms aurait été artificiel et hypocrite. Toutefois leurs caractères, leurs propos, leurs opinions et leurs conflits sont le fruit exclusif de mon imagination.

La théorie échafaudée dans le deuxième cahier est authentique.

Le protocole médical décrit dans le cinquième cahier existe réellement.

Tout le reste – personnages et intrigue – n'est que pure invention.

Par conséquent, ce livre ne peut en aucun cas être compris comme délivrant ou révélant une information au public. Il n'est qu'une simple mise en fiction de faits réels passés.

À l'origine de ce travail d'écriture, je n'avais pas d'opinion arrêtée sur la pertinence ou les insuffisances de la législation française relative à la fin de vie.

Puisse ce modeste ouvrage auto-édité contribuer à la réflexion personnelle et intime de ses lecteurs, comme il aura participé à la mienne.

J'ai rédigé aujourd'hui-même mes directives anticipées. Une douzaine de lignes, simples et sereines, comme un ultime cadeau à mon épouse et nos enfants.

Olivier Delaulne
Paris, le 13 avril 2024

Je crois entendre encore
Cachée sous les palmiers
Sa voix tendre et sonore
Comme un air de ramier

Romance de Nadir
Georges Bizet, Les Pêcheurs de perle, acte I

Premier cahier

Jeudi 4 juillet 2019

Le psy m'a demandé d'écrire. De mettre des mots. Il m'a dit : « Écrivez ce qui vous passe par la tête ». Mais rien ne me passe par la tête. Il a insisté :

— Si vous ne savez pas quoi écrire, commencez par relater votre arrivée ici.

— Dans quel but ? ai-je répondu. Tout le monde l'a vue à la télé.

— Beaucoup de monde, oui, mais vous ? Vous ne l'avez pas vue à la télé, votre arrivée. Et puis, vous n'écrivez pas pour être lu.

La sortie du palais de justice de Reims. Les menottes. La cathédrale illuminée dans la chaude soirée de juin. La bousculade des journalistes, les flashs, les projecteurs. Deux policiers m'escortent. L'avocat commis d'office, torse bombé, trouve enfin une utilité en m'ouvrant le passage. Sensation de cheminer avec peine à travers ronces et marécages. Une idée fixe, pourtant, ultime rempart : rester droit. Tête haute. Digne.

Deux voitures, l'ouvreuse et la mienne, deux gyrophares bleus : le cortège officiel dont je rêvais dans ma carrière. Quelle ironie ! La main du policier sur ma tête, mon corps basculé dans l'habitacle. Le convoi traverse la ville, les pneus vibrent sur les pavés, les gyrophares éclaboussent les façades, les passants. C'est beau.

Place Royale – la sous-préfecture, dont je connais tous les salons.

La voiture accélère, grille les feux tricolores. Les deux tons hurlent dans la nuit. Je ne pense plus. Je tombe. La chute et la déchéance, comme la descente dans le puits de la mine.

L'arrivée devant la maison d'arrêt. D'autres journalistes, d'autres flashs, des cris, une cohue autour de la voiture. Les lourdes portes s'ouvrent. Se referment. Un sas, comme une immense cage à oiseau.

On me fait sortir. Les menottes sont lourdes et me gênent. On n'imagine pas le poids des menottes. Un policier me parle, puis s'adresse à un gradé qui me parle à son tour. Je les regarde l'un après l'autre, sans les entendre.

Le directeur de la prison s'avance vers moi. Thierry Boulay. Le choc de le voir. Images de nos réunions annuelles dans mon bureau, sur la mise à disposition de personnels soignants pour la maison d'arrêt ou sur les dispositifs de surveillance des détenus hospitalisés. Images de nos discussions lors des cérémonies des vœux, du maire de Reims ou du sous-préfet. Toujours quelques mots sympathiques – nous venons du même milieu. Un brave type, Boulay. Et là, moi devant lui, menotté, pas lavé, pas rasé, pas cravaté. Il lance aux policiers :

— Désentravez-le, tout de suite.

Puis, il s'adresse à moi :

— Je suis désolé de ce qui vous arrive, Bianchi.

Je le regarde sans comprendre. Il paraît sincèrement peiné.

Les agents me retirent les menottes. Bruit métallique, poids en moins. On n'imagine pas le poids des menottes. Boulay avance, ses gros doigts tendus pour me serrer la main.

— Mais qu'est-ce qui vous a pris, Bianchi ? Avec votre contrôle judiciaire, pourquoi êtes-vous retourné dans l'hôpital ?

— Il le fallait.

Trois mots qui m'obsèdent depuis. *Il le fallait.*

La porte de la grande cage s'ouvre et nous entrons dans la cour d'honneur de la prison. La cour des honneurs dus à mon rang.

C'est alors que, des entrailles de l'écrasant bâtiment surgit un son. Clameur immense, rugissement des profondeurs qui irradie des murs, si puissant qu'il saisit de stupeur tous les agents autour de moi. Les centaines de détenus cognent ensemble les barreaux de métal et hurlent : « Bianchi ! Bianchi ! ». La terre tremble, je frissonne. Je demande à Boulay ce qu'il se passe. Je le vois lever la tête vers la multitude de fenêtres à barreaux. Il écoute, hume l'air, concentré, comme le chasseur guettant le sens du vent et évaluant la distance du gibier :

— Je ne suis pas sûr, mais je crois qu'ils vous acclament.

Vendredi 5 juillet 2019

Je m'appelle Jean-Luc Bianchi. 59 ans, divorcé sans enfant. Je suis directeur d'hôpital. J'étais directeur d'hôpital. Mis à la retraite d'office. Actuellement en détention provisoire à la maison d'arrêt de Reims.

Je ne sais pas raconter d'histoire ; je n'ai jamais su.

Le psy m'a dit : « Si vous ne savez pas par quoi entamer votre travail d'écriture, décrivez ce qui vous entoure ». Quel intérêt ? Je suis là où je suis, je vois ce que je vois, je mange ce que mange, je dors où je dors.

« Alors, écrivez ce que vous ressentez. »

Ce que je ressens ? Rien. Je suis vide.

Dimanche 7 juillet 2019

Envie de cogner, de cogner.

De hurler.

Lundi 8 juillet 2019

« Cela a été observé des milliers de fois, m'a dit le psychiatre. Votre colère est si forte, si proche du point d'incandescence, qu'elle risque de se manifester physiquement. Vous voudrez éprouver de la douleur physique. On voit de tout en prison : automutilation, scarification, lames de rasoir avalées, aiguilles plantées. Tête cognée contre les barreaux, poings lancés contre les portes de cellules, brisant les phalanges. Faites attention à vous. Cela arrive souvent dans les deux premières semaines, je vais traiter cela, les médicaments que je vous donne depuis dix jours sont à prendre impérativement, à ne pas oublier. Parfois cela vient plus tard. Vous vous croyez apaisé et la colère surgit à nouveau, de nulle part, avec l'envie de douleur. Il faudra m'en parler dès les premiers signes. »

Louis de Montchalon a enfin l'ascendant sur moi. Les rôles sont inversés. Je lui ai refusé le poste qu'il convoitait, il y a deux ans.

Mardi 9 juillet 2019

Une semaine que Vincent a été débranché. Plus d'eau, plus de nourriture. Jusqu'à ce que mort s'ensuive. Combien de temps cela va-t-il prendre ? L'attente est insupportable.

Mercredi 10 juillet 2019

Ce matin, je me suis battu. Première fois de ma vie.

Dans la cour de promenade, le type me provoquait depuis plusieurs jours : « Bianchi, ça te fait quoi d'être la star ici ? » Je laissais dire. Il n'avait pas de public, il s'était lassé.

Ce matin, il avait des spectateurs. Il a baissé son pantalon, m'a montré ses fesses et beuglé : « Bianchi, tu me signes un autographe ? » Ses copains se sont esclaffés. Il s'est redressé, fier. J'ai bondi sur lui. Ça l'a surpris, il ne s'y attendait pas. Ça m'a surpris aussi.

Je l'ai frappé au menton. D'instinct, il m'a semblé que c'était le bon endroit. Je me suis fait très mal à la main. Mais je l'ai sonné. Il a fait trois pas en arrière, il a vacillé. Sa face de bête dangereuse, hilare quelques secondes auparavant, est devenue noire. Il m'a chargé. Je ne savais plus quoi faire, alors j'ai lancé mollement mon poing gauche, il l'a arrêté de son bras et a cogné ma tempe. Sensation étrange, mon crâne, ma mâchoire, mes sinus résonnent, un vide vibrant, comme une cloche d'église prenant son coup de marteau. Et une réaction inattendue, immédiate, avant même l'arrivée de la douleur : le sphincter qui s'ouvre, et mon caleçon qui se mouille. Ce n'est même pas de la peur. Juste une réaction du corps à l'agression. Intéressant.

Ensuite, tout se mélange : le liquide chaud sur le visage, l'arcade sourcilière ouverte, la douleur – enfin ! La douleur, connue, presque rassurante. Deux mots me viennent, que je me promets de noter plus tard : *terriblement vivant.*

Dans la seconde qui suit, au lieu de porter la main à ma blessure, je lève mon visage vers le type. Mon sang coule, je le regarde fixement, poings serrés et j'avance d'un pas. Il recule. J'ai gagné.

Jeudi 11 juillet 2019

Vincent Lambert est mort. Vincent Lambert est mort. Vincent Lambert est mort. Vincent Lambert est mort. Vincent Lambert est mort. Vincent Lambert est mort. Vincent Lambert est mort. Vincent Lambert est mort. Vincent Lambert est mort. Vincent Lambert est mort. Vincent Lambert est mort. Vincent Lambert est mort. Vincent Lambert est mort. Vincent Lambert est mort. Vincent Lambert est mort. Vincent. Lambert. Est. Mort.

Vendredi 12 juillet 2019

Voilà. C'est fini. Hier, jeudi 11 juillet 2019, à huit heures vingt-quatre, Vincent Lambert a cessé de vivre.

C'est le psy qui me l'a appris. Il voulait me parler de mes traitements. Le Xanax et le Baclofène me cassent, la tête me tourne en permanence. Il m'a dit qu'il avait le temps, il n'attendait pas d'autre patient après moi. Je le soupçonne d'avoir bloqué ses rendez-vous suivants pour démarrer une thérapie. Je n'ai rien dit. Il m'a proposé d'entamer ce processus et me l'a expliqué. Au fond, pourquoi pas ? Cela fera toujours une conversation hebdomadaire intéressante. Il n'a pas relevé l'œil au beurre noir, le pansement au sourcil et le gros bandage à la main droite.

Il a démarré par cette phrase sidérante : « Parlez-moi de votre naissance ». Comment ça, parler de ma naissance ? J'y étais, certes, mais je ne vois pas trop ce que je peux en dire. Sinon que cela ne s'est pas trop mal passé, puisque je suis là.

Il a insisté : « Parlez-moi de votre naissance ». Sans trop comprendre, j'ai évoqué mes parents. J'ai pensé aux quelques photos de moi, bébé, porté par ma mère.

Le grand bonheur dans ses yeux, dans ceux de mon père. Tout allait bien. Apparemment. Une photo de mes grands-parents paternels, mon grand-père tant aimé, anormalement souriant sur les photos d'une époque où les hommes de sa génération se tenaient toujours austères, immobiles. J'ai expliqué que j'avais été enfant unique.

Soudain, le son cristallin d'une notification a retenti sur son smartphone. Interdit en détention, ce type d'objet. Le docteur Louis de Montchalon prend des libertés avec le règlement, cela ne m'étonne pas. Son regard s'est tourné négligemment vers l'écran et s'est aussitôt figé. Il a placé lentement son téléphone devant mes yeux. « *Vincent Lambert est mort* ».

J'ai lu et relu ces quatre mots. Je n'ai rien laissé paraître. J'ai pensé que Montchalon souriait intérieurement, puis j'ai compris qu'il était ému. J'ignore pour quelle raison. Peut-être cherchait-il la bonne réaction. Par exemple : fallait-il ou non m'adresser des condoléances ? Excellente question. Il m'a demandé :

— Qu'est-ce que vous ressentez ?

— Ah non, stop ! me suis-je emporté. Pas maintenant ! Je ne sais pas ce que je ressens. Et ce n'est pas le sujet.

En réalité, plus que la nouvelle elle-même, à laquelle tout le monde s'attendait, c'est cette notification qui m'a laissé perplexe. Moi aussi, j'étais abonné au *Monde* et je recevais des notifications, avant de les supprimer. Je savais donc quel était leur objet : annoncer une nouvelle majeure, se détachant du flot journalier d'informations. L'annonce d'un évènement brutal… Au fond, que révélait cette notification ? Deux vérités implacables et logiques :

1. Le décès de l'homme était, par lui-même, une nouvelle de première importance. La disparition d'une célébrité.

2. Si Vincent Lambert est mort, c'est donc qu'il était vivant.

Samedi 13 juillet 2019

La colère m'a repris. Je suffoque. Ce stylo dans ma main droite, tremblante de rage, je voudrais le planter dans mon poignet gauche. Je suis là, dans cette cellule miteuse, qui sent le moisi, le rance, la mort, j'y suis à la place de tous les autres. Je paye pour tout le monde. J'expie. Il fallait quelqu'un. Ce juge qui m'envoie en détention provisoire alors qu'il pouvait se contenter de me laisser sous contrôle judiciaire, il compense par sa sévérité les faiblesses et erreurs de tous ses collègues depuis cinq ans. Il me désigne coupable et les absout. Ma hiérarchie qui m'enfonce, alors qu'elle n'a rien vu, ou fait semblant de ne rien voir pendant des années, ou qu'elle a tout validé. J'expie les fautes de tous. Je suis l'animal du grand jour de l'expiation.

Dimanche 14 juillet 2019

Sur ma petite télévision, depuis hier, je regarde en boucle les images de l'enterrement de Vincent.

À mes rares lecteurs potentiels, je dis ceci : je fus un très bon directeur d'hôpital. Je l'affirme. Je ne parle pas de notation ou de rapports d'inspection, mais de popularité, d'aura, et de bonnes décisions. Le regard de mes interlocuteurs, délégués syndicaux, médecins, représentants d'usagers. Un regard marqué par le respect dû non pas à la fonction que j'exerçais, mais à ce que j'avais fait de mon métier, à la réputation que je m'étais créée.

Ce matin, j'ai récupéré ma pochette à la fouille.

C'est une pochette cartonnée, usée, qui ne quittait pas mon sac. À l'intérieur, quelques documents essentiels. Il y a l'arrêt du Conseil d'État, et les conclusions du rapporteur public. Le jugement du tribunal administratif de Châlons-en-Champagne, que personne n'a jamais lu, à tort. Quelques mots de sympathie, quelques lettres de reconnaissance, quelques menaces de mort aussi. La tribune des frères et sœurs de Vincent. L'arrêt de la Cour européenne des droits de l'homme avec, en annexe, l'opinion dissidente de cinq juges : autre texte que personne n'a jamais lu, mon électrochoc.

Et puis, quelques notes personnelles, griffonnées sur des bouts de papier à partir de 2016, lorsque je passais du temps dans cette chambre n° 6 – la chambre de Vincent. J'en recopie une qui me plaît. Octobre 2017 :

« *Qui êtes-vous, Vincent Lambert ? Un fils, un mari, un père... Dans quel ordre ? La justice finira par trancher. Un homme, un légume ? Une icône, un mythe, un symbole, mais de quoi ? Je n'ai pas de réponse. Aucune certitude. Pendant ces années, j'ai veillé sur vous, je vous ai parlé – oserai-je dire que je vous ai écouté ?* »

Je n'ai rien gardé de ce qui m'est arrivé après ma suspension, ni de ce qui m'attend. C'est un autre dossier. Je fais la distinction et, au fond, c'est un sujet qui ne m'intéresse pas. Je suis ailleurs. Une seule chose est certaine : j'ai protégé un patient de mon établissement. J'ai protégé les équipes soignantes. J'aurais dû m'en tenir à cela.

Lundi 15 juillet 2019

Aujourd'hui je n'ai rien à dire, rien ne me passe par la tête, alors je relis l'article du *Monde*. « *Vincent Lambert est mort* ».

Le texte débute ainsi : « *La "nuit de solitude et d'inconscience" dans laquelle Vincent Lambert était "emmuré" depuis un accident de la route en 2008 – selon l'expression du rapporteur public du Conseil d'État en juin 2014 – a pris fin. L'ancien infirmier psychiatrique est mort, jeudi 11 juillet peu après 8 heures, à l'âge de 42 ans, à l'hôpital Sébastopol de Reims. Ainsi s'achève cette tragédie familiale où décisions médicales et décisions de justice se sont succédé depuis le 11 mai 2013, date à laquelle le tribunal administratif de Châlons-en-Champagne avait ordonné en urgence la reprise de la nutrition et de l'hydratation de cet homme en état végétatif chronique. Hors norme, l'affaire a eu un écho médiatique et politique considérable, avec en arrière-plan permanent, la question de la légalisation de l'euthanasie.* »

À l'heure qu'il est, aucun article n'a mieux synthétisé cette affaire si complexe sur tous les plans – humain, médical, légal, judiciaire : la première décision du docteur Kariger d'arrêter l'alimentation et l'hydratation artificielles de Vincent, la résistance de ce dernier pendant trente et un jours ; le premier référé des parents, la reprise des traitements. Et les mêmes questions fondamentales qui surviennent et se répètent inlassablement : Vincent Lambert est-il ou non en fin de vie ? L'alimentation par une sonde gastrique est-elle un soin, un traitement, une « obstination déraisonnable » ? Sa vie est-elle purement biologique ?

Pour Rachel Lambert, son épouse, Vincent avait manifesté clairement son souhait de ne pas être maintenu en vie s'il était réduit à l'état de *légume*. Pour Viviane Lambert, sa mère, Vincent n'avait pas laissé de directive anticipée ; il n'était « que » lourdement handicapé et avait besoin de soins adaptés à son état de santé. La famille s'était peu à peu divisée en deux clans, certains frères et sœurs de Vincent du côté de l'épouse, d'autres du côté de la mère. Une nouvelle loi a été adoptée en 2016, inspirée de l'affaire.

Je serre ce texte dans mes mains. Le journaliste y décrit avec objectivité et pudeur ce goût amer ressenti par tant d'observateurs de l'affaire, et par le grand public : « *Où était son droit à la dignité lorsque des images de lui sur son lit d'hôpital ont été diffusées dans les médias ? Où était le droit à la dignité de son épouse lorsque ses beaux-parents l'ont fait suivre par un détective privé ou lorsqu'elle a été auditionnée au commissariat dans le cadre d'une plainte pour tentative d'assassinat ? Quand les avocats des parents, juchés sur les épaules de partisans du maintien en vie, ont crié à la "remontada" lorsque la Cour d'appel de Paris leur a – provisoirement – donné raison ? Dans cette affaire, le sordide et l'indignité n'ont pas manqué de venir s'ajouter à la douleur et au chagrin* ».

Mercredi 17 juillet 2019

Hier je n'ai pas pu écrire, j'avais trop mal à la main. Ce matin je suis retourné à l'infirmerie. De toute façon, il fallait retirer les fils de suture de mon arcade sourcilière. Surprise : l'infirmière titulaire du poste est revenue de congés, et je la connais. Muriel Tarrey. Son nom m'est revenu d'un coup en ouvrant la porte. En me voyant, elle a mis ses mains devant sa bouche, elle a presque sangloté :

— Monsieur le directeur, Monsieur le directeur, je suis tellement désolée de vous voir ici. J'ai vu à la télé ce qui vous est arrivé, c'est horrible.

J'ai coupé court. J'ai adopté un ton paternel et l'ai rassurée. Le comble ! Elle a insisté, m'a demandé comment elle pouvait m'aider.

— En soignant ma main et mon sourcil, merci Muriel.

Alors qu'elle déroulait avec précaution le bandage de ma main, j'ai réfléchi. J'avais sauvé cette infirmière d'une situation de harcèlement sexuel très délicate. Je dis « sauvé », car c'est le terme qu'elle avait employé : « Vous m'avez sauvé, Monsieur le Directeur, je n'oublierai jamais ». Dossier très difficile. Elle était en hémato, le chef de service était un grand professeur, une pointure : publications, décorations, plateaux télé. Mais un sale type. Je me souviens, il m'avait dit : « Ne la croyez pas, elle est tarée, c'est son nom ». Très fier de son jeu de mots. J'avais manœuvré pour changer Muriel d'affectation. Malgré l'éloignement, il avait tenté de recommencer et je l'avais aussitôt nommée ici. Maintenant, cela me revenait. Ici, il ne pouvait plus l'atteindre. Muriel connaissait bien Maddy, l'aide-soignante préférée de Vincent. J'ai eu un éclair, je me suis lancé :

— En réalité, Muriel, vous pourriez me rendre un service.

— Dites-moi, Monsieur le directeur, et je le ferai.

— Est-ce que vous êtes toujours amie avec Maddy Painteaux ?

— Oui, bien sûr. Je la vois ce week-end.

— Pourriez-vous lui faire passer un message de ma part et me transmettre ensuite sa réponse ?

Elle s'est interrompue et m'a regardé :

— Je ne crois pas avoir le droit de faire cela...

Je lui ai souri :

— Vous n'avez évidemment pas le droit de faire cela, il faudra être très discrète. Personne ne doit connaître votre démarche.

Elle s'est concentrée en silence sur mon bandage. Je voyais qu'elle réfléchissait intensément, soupesant ses obligations déontologiques, réglementaires et morales. Je l'ai laissée, sans insister ; le silence n'était pas pesant.

— C'est compliqué, je ne sais pas. Je vous dois un service, c'est sûr, mais si ça s'apprend, je risque mon poste.

Elle chuchotait presque. Je sentais sa lutte intérieure.

J'avais envie de la secouer par les épaules, mais il fallait conserver mon sang-froid. Du tact et de la douceur.

— Vous ne risquez rien, Muriel. Ça ne se saura pas.

Je mentais.

— Et, même si cela se sait, personne ne vous le reprochera. Je prendrai tout sur moi, je m'y engage. Vous savez que vous pouvez me faire confiance. Dans une semaine ou deux, je serai sorti. Toutes ces erreurs seront reconnues, donc personne ne nous embêtera à propos de messages échangés.

— Oui, c'est vrai, c'est tellement injuste ce qui vous arrive.

— Et puis, vous savez : c'est moi qui prends le plus de risque à vous demander cela. J'ai interdiction absolue d'entrer en contact avec qui que ce soit au CHU. Donc, en fait, c'est plutôt à moi de savoir si je peux vous faire confiance.

Elle terminait le bandage. Elle n'a pas dit « D'accord, je le ferai ». Elle a simplement demandé :

— Quel est le message ?

— C'est très simple : demandez à Maddy si elle a quelque chose à me dire. Elle comprendra.

— Juste ça : est-ce que tu as quelque chose à dire à Monsieur Bianchi ?

— Oui, juste ça.

Nous avons prévu de nous revoir une semaine plus tard. Peut-être ai-je réussi à instaurer un canal de communication.

Jeudi 18 juillet 2019

Un mois déjà. On s'habitue à tout.

Un mois que je n'éprouve plus cette sensation de houle, le soir, en m'allongeant dans mon lit, qui me berçait et me permettait de m'endormir sans cauchemar. Dans ma vie d'avant, j'avais réussi, au fil du temps, à doser précisément la quantité d'alcool à ingurgiter pour rendre cette houle précisément berçante sans être nauséeuse. J'avais connu le sac et le ressac de la mer, je savais éviter le verre de trop.

Depuis trente jours, mon lit est fixe. Au départ, cette immobilité m'effrayait. Je me suis souvent demandé si Vincent, dans les tréfonds de sa conscience, souffrait d'être figé. Ce fut longtemps pour moi une évidence. Ça l'est nettement moins aujourd'hui. L'immuabilité de ma couche me serait presque apaisante désormais. Je n'ai plus besoin d'être ballotté pour m'endormir. Une sensation est née, un socle sur lequel me reconstruire.

Séance avec Montchalon ce matin. Il a un physique énervant. Cheveux blonds coupés très court, tempes grisonnantes. Chevelure blonde virant au blanc, le résultat est étrange et désagréable. Des lunettes rectangulaires comme si la dureté de son regard ne lui suffisait pas. Il sourit avec la mâchoire inférieure légèrement avancée. Il n'est pas prognathe, c'est plutôt du cynisme. J'ai fait l'essai moi-même : je ferme la bouche, je souris et j'avance légèrement la mâchoire inférieure. Je me sens soit ridicule, soit narquois. Il est toujours en chemise blanche. Il a compensé cet usage ancien selon lequel les psychiatres ne portent pas de blouse blanche. À l'hôpital, Marie avait bousculé cet usage – elle bousculait tous les usages. C'était bien. Elle avait arboré une blouse blanche, ses collègues avaient d'abord râlé, puis avaient laissé faire. Certains en portent aussi, depuis.

Elle est partie, elle me manque, malgré tout. Sabine est

partie, elle ne me manque pas. Mes parents sont partis, Vincent est parti, ils me manquent. Je me retrouve avec Montchalon.

— Je ne vous ai pas choisi, ai-je déclaré.

— C'est juste, mais il faudra faire avec moi et heureusement que je suis là, non ? a-t-il répondu.

Il m'énerve parce que je sens qu'il est bon et qu'il a raison.

Il m'annonce qu'il prend ses congés et qu'il reviendra mi-août. Il me parle de phases d'introspection et de travail individuel. Il insiste sur la rédaction : écrire le récit de ma vie, enfance, études, puis mes fonctions au CHU de Reims, ma vision du métier, enfin *l'Affaire* et ses suites.

— Je peux donc écrire mes impressions sur vous également ?

Son petit sourire ne se crispe même pas. Il me répond :

— Bien sûr, faites. Cela vous fera du bien.

Et il clôt la séance sur cette phrase :

— Il faut écrire chaque jour. L'essentiel, c'est la régularité. La nécessité de consigner par écrit ce que vous avez vécu finira par s'imposer à vous. Les mots viendront, car ce que vous avez à raconter est stupéfiant.

Vendredi 19 juillet 2019

Ce qui me passe par la tête. D'abord, ne pas parler de l'hôpital mais de moi-même, m'a suggéré le psy. Contradiction dans les termes : je vivais à l'hôpital, je gérais l'hôpital, je représentais l'hôpital, *j'étais* l'hôpital.

Parler de moi-même sans parler de l'hôpital, il n'y aura pas grand-chose à dire. Le plus simple est encore de commencer par me décrire. Cela ira vite. Ni gros ni maigre, ni grand ni petit. Chauve depuis longtemps – je n'ai jamais aimé, mais c'est venu si vite, vers trente ans, que je m'y suis fait. Comme mon grand-père. Il me reste un peu de cheveux sur l'arrière du crâne et sur les côtés ; je les coupe le plus court possible, ils sont à peine visibles. Des pattes d'oie assez creusées, à l'extérieur des yeux. Des oreilles légèrement décollées. Je les ai cachées avec des cheveux plus longs, à l'adolescence, mais impossible avec une calvitie, alors je les ai assumées. Au bureau, costume cravate, tous les jours de la semaine. C'est la norme des directeurs d'hôpitaux, et j'avoue que j'aime être bien habillé. Costume ajusté et cravate bien nouée. Je m'autorisais, durant les week-ends passés au bureau, à retirer la cravate et laisser la chemise ouverte, un seul bouton. Voilà.

Samedi 20 juillet 2019

J'ai décidé de me lancer. Non pas pour suivre les directives de cette saleté de Montchalon, mais parce qu'en définitive, je n'ai rien de mieux à faire. J'ai eu une idée : décrire mon bureau. J'ai la sensation que c'est utile. C'est à cet endroit que se sont déroulés beaucoup d'entretiens décisifs de cette effarante histoire. C'est tout simplement dans cette pièce que je passais le plus clair de mon temps – bien davantage que chez moi.

La direction générale du CHU de Reims occupe le dernier étage de l'aile gauche de l'hôpital Maison Blanche, le bâtiment historique des hôpitaux de Reims. Une belle bâtisse, un peu massive, en briques apparentes, construite dans les années trente ; plan octogonal avec un jardin central en parterres soigneusement découpés. On se croit un peu aux États-Unis, je ne sais pas pourquoi.

Mon bureau n'était pas très grand, quarante mètres carrés, j'avais connu mieux. Il était déjà aménagé à mon arrivée, avec un mobilier d'un goût douteux. Je commençais à avoir l'œil grâce à ma femme, dont c'était le métier. Néanmoins, j'ai tout gardé. C'est un acte politique, lors d'une arrivée : certains directeurs entrent en fonction en consacrant quinze mille euros à remeubler et décorer leur propre bureau, peinture, tableaux, moquette moelleuse, lampe à poser, gros fauteuil et meubles design. À mon arrivée, le directeur des services techniques m'a proposé son équipe d'artisans pour un coup de neuf, et m'a rappelé le budget existant pour le mobilier. J'ai tout refusé. Le CHU de Reims gère un budget de cinq cents millions d'euros annuel, mais quinze mille euros sont plus utiles ailleurs qu'à remanier le bureau du directeur.

Derrière moi, une grande affiche austère, soigneusement encadrée : le recrutement pour l'École nationale de la santé publique, année 1979. Je la connais par cœur, mon regard s'y est perdu des milliers de fois. Avec ces mots : « *Fonctionnaire (catégorie A) chargé de l'application de techniques de gestion dans un domaine où les responsabilités administratives impliquent des qualités d'animateur et un sens social très élevé* ».

Sur le mur de gauche, une vue aérienne du centre hospitalier Auban-Moët à Épernay, que j'ai dirigé entre 1994 et 2002. J'ai passé là-bas mes plus belles années professionnelles. J'en reparlerai peut-être. Ma passion du champagne y est née.

En dessous, deux photos posées sur un meuble bas, en évidence pour les visiteurs. Sur la première, Bernard Kouchner, grand ministre de la santé, me serre la main avec chaleur. Nous nous tenons devant les bâtiments principaux du centre hospitalier d'Épernay ; derrière nous, une assemblée applaudit. Tout le monde semble heureux, c'est une belle journée de printemps. Une manière simple de me positionner parmi les puissants.

Sur l'autre photo, en noir et blanc, autre contexte, autre époque : 1969, trois hommes et un enfant prennent la pose. Les trois adultes tiennent chacun une cigarette. Celui au centre est en cravate, allure de notable, front large et joues pleines, un regard calme, une main posée sur l'épaule du petit garçon. Les deux autres hommes l'entourent, bombant le torse avec fierté. Cette photo était mon arme psychologique. Dans mes postes successifs, lors des négociations syndicales, je recevais les délégués CGT dans mon bureau et les écoutais longuement, souvent en hochant la tête. Lorsqu'ils se montraient agressifs, je leur faisais de la main le signe de se calmer, puis désignais du doigt cette photo.

— Reconnaissez-vous l'homme, au centre ?

— Évidemment, répondaient-ils, c'est Georges Séguy.

Leur secrétaire général, un mythe, le patron de la CGT pendant mai 1968.

— C'est ça. Et l'enfant, au milieu, c'est moi. Entouré de mon père et de mon oncle.

Les délégués les plus féroces en restaient bouche bée. La main du grand chef avait touché l'épaule du directeur qui se tenait devant eux. Il y avait transmutation ; je devenais une sorte d'intouchable. Eux dans ma poche, les autres délégations suivaient. Je me souviens de l'étonnement des agences régionales de santé devant ma gestion des mouvements sociaux. S'ils avaient su à quoi cela avait pu tenir.

Au fond, je me résume assez bien à mon bureau.

Lorsque je me revois assis là, je repense à tant de choses, à tous les protagonistes, à mes plus proches d'alors, Thomas Keller, Marie Salmon, Maddy Painteaux, Philippe White, Myriam Lux. J'aime écrire leur nom complet, même si, parmi eux, certains m'ont trahi.

Dimanche 21 juillet 2019

Beaucoup de bruit dans les coursives, cette nuit. J'ai très mal dormi.

J'ai songé à mon enfance et je sens que je peux écrire un peu.

Je suis né à Freyming-Merlebach, dans le bassin houiller de Lorraine. J'ai grandi comme fils unique. Mon père, Francesco Bianchi, Italien devenu Français, arrivé avec son frère et ses parents dans les années 1930. Ma mère, Irena Borkowska, née en France de parents polonais. Mes gènes se partagent entre l'Italie et la Pologne. J'imagine déjà l'étincelle dans l'œil de Montchalon. Voilà un bon matériau de base, se dira-t-il, le contraste entre le feu et la glace, le monde latin contre le monde slave, le beau parleur et la taiseuse. Sans doute un couple dysfonctionnel. Eh bien, pas du tout. J'ai eu des parents aimants : un père hilare, faisant des blagues, une mère plus posée, souriante aussi, les deux toujours à se taquiner. Lui était mineur, comme son père et son frère. Service du matin. Il partait à cinq heures, été comme hiver, revenait à quatorze, puis, après une rapide sieste, s'occupait de son potager ou des petits travaux dans la maison. Ma mère, elle, était infirmière à l'hôpital de Freyming.

Nous habitions un modeste pavillon mitoyen, au bas d'une voie en pente, la rue de la Sarre. Un muret, un portillon, une dizaine de marches, une fenêtre à gauche de la porte d'entrée, une autre à droite. Derrière, un jardin dont une bonne moitié était consacrée au potager de mon père, quelques laitues, des carottes, des patates, des cornichons et des plants de tomates sous une petite serre.

Peu de souvenirs de mon enfance. Le premier qui me vient, je l'ai entretenu toute ma vie : mes journées passées aux côtés de ma mère à l'hôpital, pendant les vacances scolaires. Parfois, je lui donnais un coup de main. J'en ai usé et abusé, dans ma carrière. Le directeur, fils d'infirmière, ça fonctionnait toujours très bien devant le personnel : « Je comprends votre quotidien, je l'ai vu et vécu, et encore, à l'époque, c'était plus dur : la manutention, les lits à crémaillère, les pieds à sérum déglingués, croyez-moi, ce n'est pas si mal aujourd'hui ».

Ma mère marchait vite. À Freyming, tout est en pente. On grimpait la côte de la rue de la frontière, je trottinais à ses côtés. Parfois, elle s'arrêtait au niveau de la rue E, après la rue F et avant la rue G (c'était ainsi dans les corons), où habitait mon grand-père – mon papy adoré. Il était veuf et vivait seul, alors elle lui déposait des boîtes avec des biscuits ou de la choucroute polonaise. Je passais souvent mes vacances chez lui. Les journées d'été chez mon papy, à m'occuper du cochon, des lapins et à parler italien. La maladie de mon papy, son décès. Je pourrai en parler à Montchalon. Cette vision de mon grand-père sur un brancard, mort, contre un mur dans le couloir d'entrée de la morgue. La bouche ouverte. Ma haine de l'hôpital public français, à cet instant-là.

Et puis, tiens, un dernier souvenir : le rossignol. Montchalon me reposera nécessairement la question de mon rapport à la mort, alors je lui raconterai l'anecdote du rossignol.

Lundi 22 juillet 2019

Une canicule est annoncée. Il fait déjà chaud. Très chaud.

Juin 1978, le bac, mention très bien. Ma mère a pleuré pendant trois jours ; j'ai senti mon père à la fois heureux et gêné, je lui devenais supérieur, d'autres mondes m'étaient accessibles. Mon admission à Sciences Po l'a totalement dépassé. Il ne parvenait plus à me situer. La mention au bac avait été le maximum de ce qu'il pouvait entendre, c'était encore un repère ; ensuite, éventuellement, l'université. Mais Sciences Po, à Paris, c'en était trop. J'allais tutoyer les grands de ce monde. Il en avait presque perdu son sourire et la malice dans ses yeux, en me regardant. Il m'avait invité en tête-à-tête dans un restaurant de Metz, la grande ville, et il m'avait transmis la chevalière en or qu'il tenait de son père, lequel la tenait lui-même de son père. L'unique bien de la famille. Je ne l'ai jamais portée, sauf lorsque je rendais visite à mes parents. Je n'étais pas assez italien pour porter ma gourmette de baptême et une chevalière en or dans mon métier de directeur d'hôpital.

J'aimerais, tout en écrivant ces lignes, les observer à mon poignet et à mon annulaire. Hélas, elles dorment à la fouille, sur une étagère, dans une boîte avec mon numéro d'écrou. Je les retrouverai bientôt.

Ils ont vécu pour moi, mes parents. Pour moi, ils ont travaillé, pour moi uniquement. Je ne leur ai pas donné ce qu'ils attendaient le plus au monde : des petits-enfants. Mais j'ai compensé, avec une réussite sociale au-delà de ce qu'ils imaginaient. Leur fils, directeur d'hôpital, tutoyant le maire et le député.

Je suis arrivé à Paris au mois d'août 1978. Je ne vois pas trop quoi dire de tout cela, je sens que ce serait banal. Le fils d'ouvrier qui découvre la capitale, côtoie des bourgeois, des aristos même, les particules étaient partout à Sciences Po. Oui, tout a été extraordinaire dans cette vie-là. Non, je n'ai pas éprouvé de sentiment d'imposture. Au contraire, cela m'est monté à la tête, jeune con de dix-huit ans. J'ai méprisé mes parents, leurs limites, je les évoquais en me moquant, je voulais faire de l'humour décalé, alors que c'était juste bête et méchant, et surtout pas drôle. J'y pense et je regrette.

Mardi 23 juillet 2019

Un souvenir marquant de ma scolarité à l'école de la santé publique : le stage ouvrier. Pour deux semaines, tous les élèves directeurs intégraient *incognito* un hôpital, sur un poste de catégorie C : aide-soignant, agent ou brancardier. Pendant deux semaines entières, j'ai vidé les bassins. Je répète : j'ai vidé les bassins. La pestilence. Les excrétions de toutes consistances, de toutes couleurs, de toutes odeurs. Les pistolets remplis de pisse, les haricots en carton pleins de crachats ou de vomi. Ces effluves que je retrouve ici avec horreur.

Dans ma longue carrière, j'ai vu de tout, chez ces personnels du bas de l'échelle administrative. J'ai vu des agresseurs sexuels, des incompétents, des violents et des violentes, des alcooliques, des absents. J'ai saisi des conseils de discipline, validé des procédures d'abandon de poste. Mais ces deux semaines de stage ouvrier n'ont jamais quitté mon esprit, ni cette pestilence mes narines. Quoi que l'on voie ou qu'on en pense, c'est un métier d'abnégation totale.

Janvier 1984, sorti bien classé, directeur des ressources humaines de l'hôpital Saint-Louis à Paris. D'un côté, l'enthousiasme du premier poste, la volonté de faire ses preuves. De l'autre, l'angoisse de ne pas savoir, de prendre la mauvaise décision. Heureusement, un bon directeur d'établissement m'avait pris sous son aile. Il me trouvait trop gentil avec le personnel, je devais m'endurcir. Il m'avait dit : « Si vous voulez être aimé de tous, ne devenez pas chef, vendez des glaces ». C'est sans doute à ce poste que ma véritable ambition est née : devenir un grand, laisser une trace, un accomplissement, avec l'humilité et le détachement des vrais grands, comme Jean Dausset, ce professeur de médecine de Saint-Louis.

Une anecdote. Un après-midi d'hiver, je suis dans le bureau de mon directeur. Il reçoit un appel : le cabinet du ministre nous apprend que Jean Dausset est lauréat du prix Nobel de médecine. À nous de le lui annoncer. Nous rameutons toute l'équipe de direction et sortons dans le froid pour rejoindre le pavillon dans lequel il travaille. Il nous voit arriver, lève les yeux de son microscope et écoute la nouvelle de la bouche du directeur. Tout le monde applaudit, la direction, ses laborantins ; il sourit modestement et remercie, puis replonge son regard dans les loupes du microscope. Ce geste-là, je l'ai voulu pour ma propre carrière et j'ai pensé l'avoir, dans l'Affaire Vincent Lambert. Mais j'ai échoué. De peu, ai-je envie de croire.

Cette période fut celle de ma rencontre avec Sabine, ma future femme. Son magasin de décoration se trouvait au 83, quai de Valmy, petite bicoque étrange sur le canal Saint-Martin, à deux pas de mon hôpital. Unique boutique dans un quartier encore ouvrier. J'y avais mis les pieds pour aménager un peu mon appartement de fonction. J'avais reconnu tout de suite la grande bourgeoise en rupture. Elle était joyeuse. Je ne sais pas trop quoi écrire de plus.

Mercredi 24 juillet 2019

Il fait horriblement chaud. Par chance, ma cellule est orientée au nord. Je sens encore un peu l'air frais, la nuit. Je suis retourné à l'infirmerie en début de matinée. Muriel Tarrey était là, on aurait dit qu'elle m'attendait. Ma main est toujours douloureuse, c'est normal, j'écris trop, je devrais la laisser au repos. Muriel m'a donné une poche de glace, délicieuse sensation. Nous n'avons parlé de rien d'autre que de la chaleur du moment. Je lui ai dit que j'en souffrais particulièrement, à mon âge et dans ma condition physique. Elle m'a répondu qu'elle verrait pour un ventilateur. Je l'ai sentie gênée. J'ai songé qu'elle avait échoué. Soudain, d'un geste embarrassé et sans un mot, elle m'a tendu un morceau de papier plié en quatre. À l'intérieur, une phrase, très courte. C'était l'écriture de Maddy, je la reconnaissais, celle d'une jeune fille appliquée, avec des petits ronds à la place des points sur les i.

« *Il a dit oui* ».

Je suis retombé d'un coup sur ma chaise. J'ai porté mes mains à mon front. Muriel a cru que je faisais un malaise, elle a essayé de me soutenir, puis elle a compris que c'était simplement l'émotion devant la nouvelle, contenue dans cette courte phrase dont elle ne pouvait saisir la signification. Maddy, elle, savait que je comprendrais. Et c'était parfaitement dit, aucun mot supplémentaire n'était nécessaire. Maddy Painteaux, l'aide-soignante et ses petits ronds sur les i, était décidément un être exceptionnel.

Je suis retourné dans ma cellule et me suis allongé, la poche de glace sur le front. Le soulagement m'a envahi et je me suis endormi. Un sommeil profond, réparateur et heureux.

Jeudi 25 juillet 2019

J'ai dormi, dormi, en sueur, mais qu'importe. Cette chaleur qui accable, je ne la sens plus. Une sorte d'énergie vitale est en train de s'emparer de moi. La chaleur m'enflamme.

Car *il a dit oui* !

Somptueuse phrase, extraordinaire enchaînement de neuf lettres !

Oui, je suis la victime expiatoire. Il fallait bien apaiser les colères divines. Peu importe ma propre colère, elle n'est rien. Je suis l'offrande rituelle aux dieux médiatiques. Mais je ne l'accepte plus ! Je décide aujourd'hui d'être fort, d'être puissant. Seul dans mes quelques mètres carrés de cellule, dans l'intense odeur de pus. Seul, je vais me redresser. Je décide d'être fort et de chasser ma colère. Je mérite de vivre encore, et de surmonter la pire épreuve de ma vie. Au fond, j'ai fait ces dernières années le sacrifice de moi-même. L'heure est venue de ma rédemption.

Moi, Jean-Luc Bianchi, directeur général du CHU de Reims, directeur de Vincent Lambert, je peux désormais rétablir mon honneur. Je vais me battre, cela prendra encore du temps, mais j'ai tout mon temps.

Je peux et je veux, maintenant, tout relater, depuis le début.

Vendredi 26 juillet 2019

Montchalon m'a dit : « Ouvrez les vannes, Monsieur Bianchi, lâchez-vous, ça vous fera du bien, croyez-moi. Quarante ans que vous vous retenez, que vous êtes dans le contrôle ! »

L'expression m'a interpellé. Je n'ai pas souvenir d'avoir eu un jour pour objectif de me « faire du bien ».

Aujourd'hui non plus. Simplement assumer mes décisions, même les plus difficiles, comme je l'ai toujours fait.

Bon, alors, il faut commencer.

Le commencement, c'est ma nomination.

Le Centre hospitalo-universitaire de Reims, je l'ai voulu. Sur le papier, ce poste cochait toutes les cases. Je n'avais plus le même élan, c'est certain, je savais que j'allais devoir tout recommencer : rechercher des économies, construire un nouvel hôpital, gérer du personnel dans des conditions de plus en plus difficiles. La lassitude se généralisait dans le corps des directeurs.

Mais c'était ce poste-là qu'il nous fallait, à Sabine et moi. Depuis Épernay, nos plus belles années, je m'étais dit : « Un jour, je passerai par le centre hospitalier de l'autre capitale du champagne ».

En 2013, mes parents étaient partis en maison de retraite. Ils y étaient bien, toujours à Freyming. J'avais moins besoin d'aller m'en occuper. Des amis venaient les voir. Je pouvais donc m'éloigner un peu géographiquement. On se rapprochait de Paris, où nous avions acquis un petit pied-à-terre deux ans auparavant. Sabine avait apprécié : elle pourrait partager son temps entre sa boutique d'Épernay et son projet d'en ouvrir une seconde vers le canal Saint-Martin, retour aux sources. Et puis, après mon poste de directeur général au Centre hospitalier régional de Metz-Thionville, l'évolution était notable : un grand CHU, plus d'un demi-milliard d'euros de budget annuel, un management complexe de plusieurs sites et ce projet de construction d'un nouvel hôpital civil. Nous étions trois candidats, j'étais prêt à me battre. Je l'ai eu sans même livrer de combat.

La maire de Reims me reçoit dans son bureau en décembre 2013. À la fois posée et directe, austère avec ses cheveux courts, apaisante avec son vrai sourire. D'emblée, elle me dit : « Je ne vais pas y aller par quatre chemins, Monsieur Bianchi. Je respecte l'usage de recevoir les trois candidats proposés par l'Agence régionale de santé, mais c'est vous que je souhaite pour ce poste de directeur général. Je ferai le nécessaire pour que ce soit vous. Votre réputation vous précède, je me suis renseignée. J'ai besoin d'un bâtisseur, qui sache à la fois faire tourner la boutique et concrétiser le projet de construction le plus ambitieux dans notre région depuis l'après-guerre. C'est vous qui avez mené à bien le nouvel hôpital de Metz et je n'ai entendu que du bien de votre gestion de ce projet. C'est fondamental pour l'avenir de Reims. On ne peut pas rester sur les vieux chemins. Il faut rattraper le temps perdu. Mars-avril ce n'est pas une période habituelle pour une nomination, j'ai demandé à l'ARS d'avancer la procédure. Si je ne suis pas réélue en avril, je veux avoir placé les bonnes personnes avant de partir ».

Pas un mot pour l'affaire Vincent Lambert. Étrange.

Lors de mon entretien avec le directeur de l'Agence régionale de santé du Grand Est, quelques jours plus tard, cela avait été l'unique sujet. Un connard, sec et arrogant, le regard fuyant, tétanisé par la prise de décision. Le pire de ce que la technocratie peut produire. Dans le réseau des directeurs, il avait été surnommé « le Phasme ». Il m'avait directement annoncé que le poste était pour moi, et j'avais donné ma condition unique, à laquelle il s'attendait : que mon directeur général adjoint à Metz, Thomas Keller, m'accompagne et soit nommé en même temps à Reims.

— Je ne comprends pas ce que vous lui trouvez, avait-il objecté, il est beaucoup trop clivant, c'est un cow-boy, je n'ai que des remontées négatives. Heureusement que vous êtes là pour sa carrière, car avec sa personnalité, directeur général adjoint de CHU à 40 ans, c'est surréaliste.

J'avais laissé dire, sans crainte, j'étais en position de

force. Et il avait conclu :

— Ai-je le choix ? Le poste est pour vous, avec votre binôme si vous voulez, peu importe. De toute façon, Bianchi, le sujet n'est pas là. J'ai un message qui vient d'en haut.

Il avait levé l'index et appuyé sa phrase d'un mouvement de sourcils dressés pour me signifier l'importance de l'information, puis il avait poursuivi avec solennité :

— Réglez l'affaire Lambert.

Il m'avait regardé dans les yeux, fait inhabituel.

— La maire de Reims vous veut pour des tas de raisons, mais la vraie raison de votre nomination, c'est *ça*, et cela vient de Paris. Réglez l'affaire Vincent Lambert, vite et bien. Et ce sera jackpot !

Il avait ajouté, en penchant sa tête en avant, sur le ton de la confidence, comme si j'avais besoin des conseils du Phasme :

— Si j'étais vous : équidistance. Tenez-vous à équidistance, Bianchi. Il faut de la rondeur, de l'écoute, du tact. Vous êtes reconnu pour vos qualités humaines, il faut les mobiliser pour faire cesser cette affaire. *Pas de vague, mon vieux, pas de vague.* C'est la devise de l'ENA.

Il adorait rappeler à tous les directeurs d'hôpitaux qu'il était issu de l'ENA. Il cherchait des supériorités là où il le pouvait.

Pour une fois, il avait tapé juste. Dans ma motivation professionnelle quelque peu vacillante, c'était le déclic : il ne fallait pas m'en dire davantage. Après Reims, je ne bénéficierais que d'une seule et dernière affectation avant la retraite, et j'aspirais au poste de prestige : les Hôpitaux de Paris ou le ministère. C'était probablement trop élevé pour moi, mais on connaît la haute fonction publique : un fait de guerre médiatique et on peut être propulsé, du jour au lendemain, trois ou quatre étages au-dessus de ce qu'une évolution de carrière normale aurait permis d'atteindre. Résoudre l'affaire Vincent Lambert, tel pouvait être ce propulseur.

J'avais passé huit ans à Épernay, cinq ans à Saint-Louis, sept ans à Metz, car j'y étais bien. Un collègue m'avait dit : un an de trop dans chaque poste et il manque, en bout de route, la dernière marche de la carrière. J'avais besoin d'un accélérateur de carrière, comme ils disent, pour franchir plusieurs marches d'un coup après le CHU de Reims.

De là où j'écris ces lignes, je ne sais s'il existe un mot dans la langue française pour qualifier l'immensité du décalage entre cette ambition de début 2014 et ma situation d'aujourd'hui. On va dire cocasse. C'est bien peu, cocasse, mais je prends du recul, il y a de l'ironie dans ce mot.

Samedi 27 juillet 2019

Bientôt une semaine de canicule. Il fait atrocement chaud. Sur ma télévision, les journalistes ne parlent que de cette étouffante chaleur. Ce flot de paroles répétitives m'indispose, mais couvre les sons qui m'entourent, de moins en moins articulés et de plus en plus animaux.

Plus aucune fraîcheur nocturne. Le sol est chaud, les murs sont chauds. Je suis en sueur du matin au soir. Je ne me rase plus, ça me brûle. Nous sommes approvisionnés en eau. Le dernier pack m'a tenu deux jours. Neuf litres en deux jours. Je bois, je pisse, je bois, je pisse. Je vis dans un sauna.

Dimanche 28 juillet 2019

Avant ma prise de fonctions, j'ai longuement rencontré mon prédécesseur. On se connaissait, je l'appréciais, un homme droit, bosseur, mais mauvais communiquant. Il n'avait pas eu la vie facile, il était arrivé dans un CHU au bord de la faillite et avait pris des décisions impopulaires. Son plan de retour à l'équilibre avait fonctionné, à ceci près qu'il l'avait mal expliqué. Une bonne partie des soignants lui était hostile. Et puis, on lui avait diagnostiqué une maladie, une saloperie. La dernière fois que je l'avais vu, c'était à la conférence des directeurs généraux de CHU, un an auparavant. Je le retrouvais, fin mars 2014, déjà diminué. J'avais senti son soulagement d'en finir avec ce boulot éreintant. Lui aussi m'avait parlé de l'affaire Lambert.

— Elle est dérangeante, cette affaire. Je ne voulais pas faire appel, le jugement du tribunal administratif me paraissait sensé. C'est un conflit familial, j'ai préféré éviter d'en faire une affaire de principe. Mon conseil, Jean-Luc, je te le dis : se tenir le plus loin possible des conflits familiaux, ce n'est pas notre rôle. Moi, j'ai gardé mes distances.

— Mais on a le devoir de défendre les décisions prises par nos médecins et leurs équipes ! avais-je rétorqué. Au moins vis-à-vis de l'extérieur ! Le système ne peut pas tenir sans cela. Ensuite, si le personnel a merdé, on règle cela en interne.

Il avait souri, autant que sa mâchoire raidie par la maladie le lui permettait. Un sourire qui signifiait : c'est bien beau les principes, mais tu verras la réalité. Et il avait dit :

— L'affaire Vincent Lambert, c'est différent. C'est une mine antipersonnel. Ne t'en approche pas, tourne autour avec méfiance. Impossible à désamorcer. Si tu la touches, tu es cuit, tu ne peux plus bouger, quoi que tu fasses ou dises, elle t'explose à la gueule.

Lundi 29 juillet 2019

C'est drôle, je me plonge dans mes souvenirs, l'exercice ne m'est pas coutumier. Évidemment, ces alertes de l'époque résonnent aujourd'hui. Signaux faibles. J'étais trop sûr de moi. Même Thomas m'avait alerté, lui le fonceur, le rugbyman. La veille de mon arrivée, on avait fait un point sur les dossiers sensibles. Il avait marqué une hésitation sur l'affaire, à sa manière, avec une moue de dégoût :

— Il y a un truc qui pue.

— C'est-à-dire ?

— Moi, cette affaire, je n'y touche pas. Elle est radioactive. Il faut s'en tenir éloigné le plus possible. Fais comme ton prédécesseur.

— Au contraire, avais-je répondu. Avec un peu d'agilité et de ténacité, je peux trouver la voie, calmer le jeu. *Pas de vague, mon vieux, pas de vague*, la devise de ces têtes d'œuf d'énarques, et c'est la récompense : le poste que je veux, je le choisis.

En me regardant dans les yeux, il avait sondé ma détermination – et il avait compris.

— Fais comme tu veux. Ton instinct t'a toujours bien conseillé et je t'aiderai, comme d'habitude.

Puis, il n'avait plus rien dit. Ses positions s'étaient rapidement figées, calcifiées, comme les pauvres poignets recroquevillés de Vincent.

Thomas Keller, mon directeur général adjoint, est un personnage important de cette histoire. Rugbyman ou cow-boy, ces images le définissent bien. Chauve, comme moi, mais barbe de trois jours, volontairement négligée, cravate mal nouée, chaussures mal cirées.

La meilleure manière de le décrire remonte à cette première fois où je l'ai vu à l'œuvre. En 2002, je suis nommé directeur adjoint du CHU Amiens-Picardie. Poste de transition entre la chefferie de l'hôpital Auban-Moët d'Épernay et celle de Metz-Thionville. Mon supérieur me dit :

— Réunion cruciale, Bianchi. C'est très tendu avec les chefs de service. Il faut recadrer les médecins qui abusent des moyens humains pour leurs consultations libérales. Les infirmiers de bloc vont se mettre en grève si on ne régule pas. On est dans la merde. Le directeur des affaires médicales doit la piloter, mais c'est Thomas Keller, il est intenable, il a un melon comme ça, c'est son deuxième poste, je l'ai récupéré du centre hospitalier d'Abbeville pour rendre service au directeur qui est un copain. Je n'aurais pas dû.

Et il m'envoie surveiller Thomas. Au départ, je me dis : ce type n'a rien compris à la relation entre une équipe de direction et la communauté médicale. Puis, au fur et à mesure de la réunion, je me demande s'il n'y a pas de la stratégie dans ses méthodes provocatrices. En face de lui, le modèle du mandarin : un vieux professeur de médecine habitué aux courbettes, intouchable. Thomas le provoque, le méprise. Plus l'autre enrage, plus mon collègue sourit et se relâche sur sa chaise. Au bout d'un moment, à court d'arguments, le médecin vocifère qu'il en a marre de tous ces sigles pour désigner les postes des personnels soignants : les IADE, les IBODE, les MERM.

— Vous, les administratifs ! rugit-il, au lieu de compliquer les choses, comme d'habitude, simplifiez les sigles, ce sera déjà ça !

Thomas se redresse alors et se tourne vers la secrétaire de séance :

— Madame X, merci de noter au compte rendu que le professeur B. propose d'unifier tous les sigles désignant ses collaborateurs sous un seul : PPDM.

Trop énervé, le professeur ne saisit pas le piège :

— Voilà ! C'est parfait, PPDM, je ne sais pas ce que ça veut dire, mais allez-y, notez ! Au moins, on avance !

La secrétaire note. Et Thomas Keller, très calme, annonce :

— Ça signifie : Petit Personnel De Merde.

Le grand professeur devient blanc :

— Vous n'allez pas écrire ça ! Je vous l'interdis !

— Trop tard, c'est consigné, répond Thomas avec flegme.

— Je vous l'interdis ! répète le mandarin d'une voix sourde.

Thomas fait mine de réfléchir, puis conclut :

— Bon, soyez tranquille, je vais ajouter un autre texte, et nous verrons ce que nous garderons à la fin.

Et il avait inclus le texte qu'il avait préparé et qui déterminait l'accord voulu par la direction.

Je n'étais pas intervenu, j'avais assisté au spectacle et je m'étais dit : j'ai trouvé mon porte-flingue.

Lorsque j'avais été nommé directeur général du Centre hospitalier régional de Metz-Thionville, je l'avais emmené dans mes bagages. DG adjoint, une promotion inespérée pour lui. Il avait trente-quatre ans.

Je retiens peu de dates d'anniversaire, à peine celles de mes parents et de Sabine, mais je me souviens de celle de Thomas, car il se vantait souvent d'être né un 2 décembre, jour de coup d'État. Sabine avait été choquée de la manière avec laquelle il s'était adressé à moi, lors de notre premier dîner à quatre : « Moi, je nais un jour de coup d'État, je suis fait pour ça. Toi, Jean-Luc, tu es né un 17 décembre, il n'y a rien le 17 décembre, la course aux achats de Noël, quelle tristesse ». La grossièreté et le culot de Thomas m'ont fait un bien fou. Un peu d'outrances dans ce monde de surcontrôle.

Pour le reste – tout le reste ! – je ne lui en veux plus.

Mardi 30 juillet 2019

Ce matin, j'ai pris une initiative : j'ai contacté une avocate. Je m'y étais refusé jusqu'à présent, je n'en voyais pas l'intérêt. C'est absurde. Il faut être défendu convenablement. L'idée m'est venue au milieu de la nuit. Coupure d'électricité. Le ventilateur s'est arrêté. J'ai été réveillé par la suffocation, mon matelas trempé de sueur et je me suis dit : j'ai accepté mon sort, mais, peut-être, devrais-je ne plus l'accepter ?

Alors, je me suis remémoré une jeune avocate parisienne, qui avait défendu un agent en conseil de discipline. Je l'avais trouvée particulièrement pertinente et convaincante, à la fois originale dans son approche, franche et directe, subtile dans sa manière d'orienter les débats. Elle avait d'ailleurs tué mon dossier : alors que nous réclamions la révocation, l'agent avait obtenu deux semaines d'exclusion temporaire, un camouflet pour la direction.

J'ai écrit à son cabinet et expliqué mon cas.

Mercredi 31 juillet 2019

J'ai pris mes fonctions le lundi 7 avril 2014.

La semaine d'installation est toujours un moment hors du temps. L'agenda fixé, déjà débordant, ne tient jamais véritablement, car tout le monde sollicite un rendez-vous – l'envie de voir le nouveau patron ou d'en être vu.

Cette semaine-là restera l'une des plus étranges de ma carrière. Beaucoup de réunions et d'entretiens étaient prévus, mais l'agenda avait d'emblée été percuté par l'affaire Lambert. D'une manière très particulière : Vincent n'était pas à Reims. Il avait été transféré à l'hôpital de la

Pitié-Salpêtrière à Paris pour être examiné par le collège d'experts judiciaires désigné par le Conseil d'État.

Pourtant, certains des protagonistes de l'affaire s'étaient bousculés pour me rencontrer, prenant à peine rendez-vous, comme si leur sujet était naturellement prioritaire et que je devais être à leur disposition. Et, pendant que ma secrétaire, précieuse Véronique, tentait de leur trouver une place dans mon emploi du temps, les alertes ne cessaient de remonter de l'hôpital Sébastopol, l'établissement qui hébergeait en temps normal Vincent Lambert : une tentative de suicide, une altercation entre patients, deux signalements d'évènements sanitaires indésirables. J'avais demandé à la directrice du pôle :

— Que se passe-t-il à Sébastopol ? C'est habituel ?

— Je ne comprends pas, c'est incroyable, avait-elle répondu. C'est un établissement sans problème, c'est la première fois que j'assiste à une telle situation.

Cela s'était poursuivi toute la semaine. Incident sur incident. Puis, tout était rentré dans l'ordre d'un seul coup. Au retour de Vincent dans sa chambre... Je n'avais pas fait le lien. C'est Marie Salmon, chef du service de psychiatrie infanto-juvénile, qui m'avait éclairé :

— Vous avez saisi le pouvoir apaisant de Vincent Lambert sur son entourage ? Sébastopol est un écosystème, qui a été bouleversé pendant une semaine et vient de retrouver son équilibre.

Savait-elle à cet instant à quel point elle voyait juste ?

Comment décrire Marie Salmon ? Une magicienne. Un être doté de pouvoirs. Souvent fée, parfois sorcière. Je pense qu'elle fut sincèrement éprise de moi. Je le pense ou je veux le croire. Pour ma part, je fus envoûté.

Ma rencontre avec Marie : un jour de cette première semaine. Au R + 1, mon ascenseur s'ouvre, elle entre. Elle dit bonjour d'un air distrait, puis me toise de la tête aux pieds.

— Vous êtes le nouveau directeur.

— En effet. Et vous, Madame, qui êtes-vous ?

Je le savais parfaitement, j'avais vu sa photo dans l'organigramme : la présidente de la commission médicale d'établissement. Représentante de la communauté médicale, elle était membre de droit de mon directoire.

Détournant son regard de moi et parlant à la porte de l'ascenseur, elle annonce :

— Marie Salmon, présidente de la CME. Votre principal interlocuteur. Ou adversaire ?

Elle se tourne vers moi et ajoute :

— Nous allons devoir travailler ensemble.

Je prends mon sourire en coin, celui que mes opposants détestent.

— Adversaires... Devoir travailler ensemble... Vous semblez craindre de collaborer avec moi, c'est dommage.

— Pas du tout, je ne crains rien.

Mon sourire s'élargit :

— Inutile de vous justifier, Madame, j'ai bien compris.

À cet instant, la porte de l'ascenseur s'ouvre, l'empêchant de répliquer. L'orgueil, dans ses yeux. Et mon sourire, persistant et moqueur.

Durant cette première semaine, l'unique entretien en lien avec l'Affaire avait été accordé à Éric Kariger, le médecin de Vincent Lambert. Il avait demandé à me voir et, après tout, il était chef de pôle. J'avais tout de suite apprécié le docteur Kariger.

Lorsque j'étais arrivé à Amiens, mon directeur général m'avait dit : « Bianchi, vous verrez, dans cet hôpital, il y a vingt-six médecins chefs de service. Sur les vingt-six, deux cons : l'endocrino et l'orthopédiste. Ça déteint sur tout leur service. Des médecins jusqu'à l'agent hospitalier : tous des cons ». C'était un bon descriptif du rôle du management et son impact. Dans ma carrière, j'ai appris à connaître les gens, à les cerner rapidement, à distinguer les bons des cons. Kariger, c'était le modèle du toubib investi, présent dans les couloirs, pour ses équipes, sachant trancher, mais aussi écouter. Organisé, précis, humain, sans arrogance, l'opposé de ces détestables mandarins. Un bon chef de service comme je les aimais.

J'avais trouvé en face de moi un homme qui tentait de masquer, par un intense contrôle de sa diction, de sa posture et de son regard, un profond épuisement nerveux. J'avais vite compris qu'il était venu me voir, non pas pour m'expliquer l'Affaire ni justifier ses décisions, mais pour s'enquérir de la méthode qu'emploierait le nouveau directeur général à l'égard de son service et de lui-même. En termes clairs, il voulait savoir si j'allais le soutenir, ou le laisser seul face aux médias et à la famille, à la manière de mon prédécesseur. Je lui avais récité le couplet : soutien de principe à la communauté médicale d'un côté, lavage du linge sale en famille de l'autre.

Un peu rassuré dans son désarroi, il avait alors sorti d'une pochette les dernières lettres d'insultes et menaces de mort qu'il avait réceptionnées. Il tentait de s'en détacher, mais je voyais que cela l'affectait. J'étais tombé sur une lettre de menace plutôt bien tournée, une écriture tremblotante de vieillard, qui se terminait en vers, je m'en souviens encore :

Kariger, sans repères, vers la mort le dirige
Son patient, pauvre hère, sur le Styx se fige.

Les plus nombreuses étaient sommaires, le traitant de nazi et lui souhaitant de mourir de différentes façons : pendaison, arme à feu, accident de voiture. Ce qui revenait le plus souvent : mort par dénutrition. Logique.

Je l'avais assuré de mon soutien et lui avais confirmé ma présence lors du retour de Vincent Lambert, le surlendemain. Au moment de nous quitter, je lui avais proposé un déjeuner. Il avait accepté. Je m'étais enquis de ses goûts. Il était amateur de bourgogne, moi de champagne. Autour du chardonnay et du pinot noir, nous pourrions nous entendre ; je posais les bases.

Jeudi 1er août 2019

Cette canicule est interminable, mais je vis maintenant avec elle. Je suis passé de l'autre côté. J'ai intériorisé la chaleur. Je n'en souffre plus, je ne cherche plus à la dompter ou à m'en prémunir. C'est impossible, alors je fais corps avec elle. Je suis une statue de glaise. Pétrissable. Immobile. Je bois, je pisse, je bois, je pisse... Je fais le vide. J'élimine et me purifie. J'écris. Je suis ailleurs.

En début d'après-midi j'ai appris que l'avocate viendrait me voir ici, le 19 août. Je suis content. Elle s'appelle Julie Simon-dit-Roy.

Vendredi 2 août 2019

Le retour de Vincent Lambert avait été annoncé pour le samedi 12 avril. La veille, j'avais appelé mon homologue de la Pitié Salpêtrière, il m'avait dit : « Tout s'est bien passé. Ne sois pas surpris, le ministère de l'Intérieur a dépêché deux motards pour le voyage ». Le samedi matin, le sous-préfet de Reims m'avait contacté pour m'indiquer que des policiers seraient présents à l'entrée de Sébastopol et au carrefour précédent.

Je me remémore chaque minute de cette belle matinée de printemps, encore fraîche, avec un soleil doux. Deux motards ouvrent le parcours. L'imposant véhicule rouge de secours et d'assistance s'avance lentement le long du bâtiment. Le moment est solennel. Des membres du personnel, aux fenêtres ou dans l'allée d'accès, sortent leurs téléphones pour filmer la scène.

Devant l'entrée, le docteur Kariger, la cadre de santé, des administratifs. Et Rachel Lambert. Pas véritablement isolée, mais un peu de côté. Elle semble avoir froid, elle est habillée d'une doudoune avec une grosse écharpe, et cette manière de tenir la lanière de son sac à main tout en croisant les bras.

Rachel Lambert est un personnage fascinant. Thomas m'avait dit : « Elle n'est une petite chose fragile qu'en apparence ». Plus tard, Marie au contraire me dirait : « Non, elle est véritablement une petite chose fragile, mais avec une destinée, elle s'est incarnée, elle a déployé ses ailes… ». Ce matin-là, elle présente un visage de victime. C'est son regard, ses yeux cernés. Mon premier dialogue avec elle, sur ce parvis, dans l'attente du retour de son mari, donne à peu près ceci :

— Bonjour Madame Lambert. Je suis Jean-Luc Bianchi, le nouveau directeur général du CHU.

— Bonjour.

— Il serait utile que l'on se parle.

— Oui.

— Êtes-vous satisfaite de la prise en charge ?

— Oui, l'équipe dans le service est très bien.

— Y a-t-il des sujets que vous souhaitez aborder avec moi ?

Elle réfléchit longuement, puis lève les yeux vers moi.

— Ça a été très difficile, vous savez. Maintenant, j'attends. J'attends ce que le Conseil d'État va dire. C'est difficile aussi. Je ne sais pas quoi vous dire. Heureusement, les horaires ont été mis en place avec les parents, alors je ne les vois plus, c'est déjà ça.

Le dialogue s'arrête là, nous redevenons silencieux. Notre attention se focalise sur le véhicule qui s'ouvre devant nous. En sortent un médecin en blouse blanche et une jeune femme, petite et ronde, très affairée, investie d'une mission, un peu gênée par ce public qui la regarde. C'est Maddy. Nos brancardiers s'avancent. Je vois Vincent Lambert pour la première fois.

Comment présenter ce personnage principal de l'histoire ? Je me souviens de ma grande surprise devant l'absence d'appareillage. Dans mon imaginaire, je ne sais pas pourquoi, Vincent Lambert était entouré de l'attirail le plus lourd : respirateur artificiel par trachéotomie, électrocardiogramme de contrôle, perfusion intraveineuse. Absolument rien de tout cela. Le dos du brancard est relevé assez haut, Vincent est assis. Il est habillé d'une chemise en jeans, une couverture remontée sous les bras. Il a été sanglé pour le voyage. Ses yeux sont ouverts, sa tête ballotte avec les mouvements du brancard. Une seule poche est accrochée au porte-perfusions. Aucun autre appareil, pas de sonde urinaire, rien. Je marque mon étonnement à Kariger :

– Docteur, il n'a pas de trachéo ?

– Non, Monsieur le directeur, il n'en a jamais eu, il respire normalement. Il n'a qu'une gastrostomie, car la déglutition est très aléatoire, les fausses routes sont nombreuses.

Accompagné de la cadre de santé, il s'avance, comme pour rendre hommage à la haute personnalité et l'accueillir avec les honneurs dus à son rang. Rachel Lambert suit. Kariger s'aperçoit de cette faute de protocole, se décale pour la laisser passer.

Nous entamons notre procession, derrière le brancard, vers les ascenseurs puis, au cinquième étage, vers la chambre n° 6. Je ne m'attarde pas, ce jour-là. Vincent a regagné son lieu de vie, il paraît stable. Je salue d'une série de poignées de mains le personnel soignant présent, les remerciant de leur dévouement. Je reprends l'ascenseur et me dirige vers la sortie lorsque j'entends, derrière moi, une voix implorante :

— Monsieur le directeur, Monsieur le directeur ! Ils ne l'ont même pas regardé !

Je me retourne. C'est Maddy. Elle semble désemparée. Elle voit que je ne comprends pas et répète :

— Ils ne l'ont même pas regardé, Monsieur le directeur !

— Qui, *ils* ?

— Les médecins, à la Pitié Salpêtrière : ils n'ont pas pris le temps de le regarder.

— Vous voulez parler des experts ?

— Oui, c'est ça.

— Mais que cherchez-vous à me dire au juste ? De quelle façon auraient-ils dû le regarder ?

— Eh bien, le regarder, pour voir s'il est là. Prendre le temps.

Ce type d'échange stérile m'agace ; on tourne en rond. Je finis par lui faire décrire l'examen clinique réalisé par le collège d'experts. Elle m'explique le bref examen des pupilles, le claquement de doigts devant les yeux et au bord de chaque oreille. Une médecin avait brièvement tenté de parler à Vincent : « Monsieur Lambert est-ce que vous m'entendez ? Si oui, réagissez... » L'aide-soignante m'explique l'expertise, les différents examens technologiques effectués en l'absence de membres de la famille, qui auraient pu stimuler le patient. « Méthodes totalement inadaptées pour comprendre le degré de conscience de Vincent », tranche-t-elle.

J'aime refaire le film, c'est une leçon. Le peu de crédit que j'avais accordé à Maddy Painteaux à ce moment-là, sa fébrilité, ses limites intellectuelles. J'ai souvent repensé, par la suite, à cette journée, à ce premier échange avec elle. Illustration parfaite d'une maxime que m'avait enseignée Jean Dausset : « *Ne pas se laisser aveugler par les signaux forts, ne pas ignorer les signaux faibles* ».

Samedi 3 août 2019

L'étouffante chaleur est toujours là. Je l'ai apprivoisée. Je suis la chaleur.

En revanche, ce dont je ne parviens pas à m'abstraire, c'est l'odeur. Ici, elle ne ressemble à aucune autre. Je suis sensible aux émanations, celle-ci m'était inconnue. Elle est lourde, épaisse, omniprésente. Un brouillard. On s'habitue à tout, mais pas à ça. Depuis douze jours, la canicule l'amplifie monstrueusement. Odeur de vase grouillante, de mille haleines qui se confondent, substances en décomposition. Eau croupie, rat crevé. Effluve qui s'immisce comme un fluide dans mes narines et dans ma peau, par tous mes pores. Je nettoie le sol de ma cellule tous les matins. Ça me soulage pendant quelques heures.

Dimanche 4 août 2019

J'avais positionné les affaires juridiques dans le pôle de compétence de Thomas, je ne souhaitais pas les suivre moi-même. À la fin de ma première semaine, je lui avais demandé un fond de dossier sur l'Affaire. Car après tout, je n'en connaissais que les bribes lues et relues dans la presse ou vues sur les chaînes d'information.

Difficile d'y voir clair. Ne serait-ce que sur l'état médical du patient : j'avais suffisamment de connaissances de la terminologie pour comprendre que les informations délivrées par les journalistes étaient peu claires, souvent contradictoires. Était-il tétraplégique ? En état de conscience minimale ? Paucirelationnel ? Je n'aurais pas pu discourir sur les différences précises entre ces pathologies, je savais simplement qu'elles ne signifiaient pas la même chose.

J'avais donc passé le premier dimanche dans ma nouvelle résidence de directeur général à potasser ces notes que le service juridique avait rassemblées à ma demande. La journée n'avait pas été désagréable. Nous avions profité de notre nouveau salon, avec Sabine, une bouteille de Bollinger ouverte entre nous.

Je me souviens de la sensation d'évidence, portée par la majorité des médias. Rachel et Viviane, la gentille et la méchante, Cendrillon et la marâtre. Ce sentiment de limpidité était tellement porté par l'unanimisme ambiant que je me refusais inconsciemment à voir les clignotants orange qui s'allumaient un peu partout. Les signaux forts, les signaux faibles.

Cela avait généré une conversation intéressante avec ma femme. Elle connaissait par cœur les milieux catholiques, elle qui avait fréquenté toute son adolescence un mouvement eucharistique à Paris dont le but était d'aider les jeunes à construire « une relation d'amitié avec Jésus ». Sabine avait été la seule en rupture de ban, sans enfant, mariage uniquement civil, avec ce petit prolétaire socialo que j'étais. Et pourtant, elle avait porté un regard nuancé sur l'affaire :

— C'est vrai, Jean-Luc, chez les traditionalistes, tu trouveras des fous de Dieu, irrécupérables. Ça prie tous les soirs à la table du dîner, pour le salut de l'âme, pour l'amour du prochain, mais si ça peut planquer un peu de pognon en Suisse, pas de problème. Ça donne la pièce à la sortie de la messe, en prenant bien des nouvelles de son mendiant, en inclinant la tête, et ça laisse la femme de ménage étrangère avec trois enfants au salaire minimum horaire pendant dix ans. Mais il ne faut pas généraliser. Nombre d'entre eux sont réellement animés des principes les plus purs et tu ne peux pas les dénigrer simplement parce que tu ne partages pas leur vision du monde. Oui, Viviane Lambert est dans l'outrance, mais cela signifie-t-il nécessairement qu'elle a tort ?

Lundi 5 août 2019

Quelle nuit ! Orage, tonnerre, bourrasques, pluie battante !

Première fois, depuis mon arrivée ici, que j'éprouve une sensation physique positive. Les éléments ont chassé la chaleur. L'air est rafraîchi, le corps se régénère. Le 12 avril 2014, Vincent retrouvait sa chambre et rééquilibrait notre écosystème ; cette nuit du 4 août 2019, j'achève ma purge, premier nettoyage intérieur. Je vais tout raconter.

Fin avril 2014, deux semaines après mon arrivée, j'avais installé mon nouveau directoire.

Thomas m'avait préparé la tâche, il savait qui je voulais. À Metz, nous avions mis en place un rituel pour fidéliser les membres du directoire et ôter aux réunions leur caractère froid et solennel : elles prenaient la forme de déjeuners de travail. C'était ma fantaisie. Je savais que cela honorait le chef cuistot de l'hôpital de concocter des repas pour la direction générale ; cela redonnait du sens à son métier.

La nourriture à l'hôpital, vaste sujet sur lequel j'avais beaucoup travaillé, pour améliorer les produits et les menus. Puis, cette circulaire ministérielle qui avait rebaptisé les cuisines de tous les hôpitaux de France en « *unités centrales de production alimentaire* » avait participé de ma lassitude. Encore un énarque qui avait voulu innover. Tout était dit d'une évolution technocratique, d'une perte d'âme et de sens.

Mardi 6 août 2019

Ma première visite à Vincent Lambert.

J'avais annoncé mon arrivée dans le service. J'étais d'abord passé par la salle des infirmiers. J'avais posé les questions habituelles : est-ce que tout fonctionne ? La machine à café ? Il faut s'en tenir aux choses simples dans ces moments-là et ne pas lancer les grands sujets, tels que le temps de travail ou les roulements. Éric Kariger était là, bien sûr. J'étais entré avec lui dans la chambre n° 6.

Vincent était sur son lit, la tête tournée vers la fenêtre. Il ne m'avait pas vu tout de suite...

— Bonjour, Monsieur Lambert, je m'appelle Jean-Luc Bianchi, nouveau directeur général du CHU.

Puis, un blanc. Comment enchaîner ? Qu'est-ce qui justifiait que le directeur général le rencontre ? La réalité était inavouable : j'étais venu le voir pour la simple raison qu'il était un VIP... J'étais devenu maladroit, j'avais bafouillé :

— Vous n'ignorez pas... toutes les circonstances et rebondissements qui... entourent votre hospitalisation, ici. Je... voulais m'assurer que tout allait bien...

Mon regard restait fixé sur ses mains, déformées comme celles des sorcières, dans les contes. Des mains qui avaient autrefois joué, caressé, attrapé, et qui, désormais, demeuraient immobiles, remontées sur le torse, recroquevillées, poignets repliés vers l'intérieur, au-delà de ce qu'un être humain peut effectuer – la fameuse rétraction tendineuse, les pouces touchant presque les avant-bras. L'os du radius transparaissait sous la peau, les doigts étaient tordus, raidis. C'était laid, désagréable à voir. Et probablement douloureux.

Je m'étais senti stupide. Je l'avais dit à Éric Kariger : je pouvais parler devant deux cent cinquante personnes sans notes, mais là, j'avais cherché mes mots. Il avait hoché la tête avec un sourire qui signifiait : « Vous n'êtes pas le premier ».

Mercredi 7 août 2019

Je respire, je ressors. Je reparle, je remarche. Ce matin, je suis allé à la bibliothèque. Si on peut l'appeler ainsi. Deux tables, des chaises en plastique jaune, quelques rayonnages bas de gamme, montants en métal et tablettes en aggloméré. Environ cinq cents livres. C'est peu. Des San Antonio, des SAS, quelques Maigret, un peu de Victor Hugo. Et un livre au titre étrange, *le Liseur*, d'un auteur allemand. Sabine m'en avait dit quelque chose que j'avais oublié – je ne lisais jamais. Je l'ai emprunté.

Jeudi 8 août 2019

Pour mon déjeuner avec Éric Kariger, j'avais prévu avec le chef des cuisines un repas au champagne : un blanc de blanc d'abord, un blanc de noir ensuite. Chardonnay puis pinot noir, le lien avec la Bourgogne était fait. J'avais même choisi, pour le second, un rosé de saignée Leclerc-Briant, qui se marierait avec la viande rouge préparée par le chef, puis le dessert au chocolat. Du champagne au déjeuner, en semaine et en service, c'était pour le moins inhabituel. Mon hôte avait dit : « Je vis à Reims depuis trente ans, mais je n'ai jamais fait un repas complet au champagne ». Je l'avais vu respirer.

Nous étions tous dans l'attente du rapport des trois experts nommés par le Conseil d'État.

J'avais demandé à mon interlocuteur s'il parvenait à en imaginer les conclusions. Il s'était bien gardé d'être affirmatif. Aucun examen n'avait été pratiqué sur Vincent Lambert depuis 2011 et son passage au Science Coma Group de Liège, service réputé internationalement pour poser des diagnostics sur l'état de conscience des patients en état végétatif chronique.

Kariger était fébrile. L'initiative du Conseil d'État de lancer cette expertise judiciaire avant de rendre sa décision était d'une grande sagesse. Au moins, cela permettrait-il de sortir des querelles d'interprétation des signes : les larmes occasionnelles de Vincent étaient-elles une émotion comme l'estimait la mère, ou simplement une réaction neurovégétative vide de sens comme le martelait l'équipe de soin ? La science allait parler – et dépassionner le débat.

Mon invité voulait croire que ces tests allaient corroborer toutes les observations cliniques quotidiennes de son équipe depuis plusieurs années. Parmi les patients en état végétatif chronique, Vincent était le plus lourdement atteint. « Il n'y a plus de conscience dans ce corps », répétait Kariger inlassablement. La communication n'était plus possible. Mais, que faire si les trois experts décelaient un état de conscience différent ? S'ils parvenaient à établir que Vincent percevait encore la douleur, voire, pire : des émotions ?

Ce médecin expérimenté ne le disait pas, mais il n'en

dormait plus, cela se voyait.

L'austère Kariger, qui avait d'abord arrêté mon geste lorsque j'avais voulu le resservir, s'était ensuite lui-même saisi de la première bouteille, puis de la seconde. Il avait tout déballé. L'attitude hautaine des parents de Vincent, lors de rares visites trois ou quatre fois par an, l'exemplarité de l'épouse, au chevet de son mari tous les jours, son affection, son dévouement. Sa pudeur. Son infinie douleur, qu'elle retenait comme elle pouvait.

Il avait aussi relaté qu'en 2011, le patron du Science Coma Group avait posé un diagnostic de « conscience minimale plus ». Il avait conseillé de tenter des séances d'orthophonie pour identifier un mode de communication, et avait, dans le même temps, proposé l'euthanasie. La décision revenait à Rachel ; elle n'avait pas pu la prendre. Cela se comprenait. En 2011, elle gardait encore espoir.

Quatre-vingt-sept séances d'orthophonie avaient suivi, qui n'avaient débouché sur aucun progrès. Puis, courant 2012, Vincent avait manifesté des signes d'inconfort et de souffrance, notamment au moment des soins : grimaces et contractions, raidissements au moment de la toilette intime. Les équipes soignantes, celles qui sont au plus près du patient, avaient affirmé en réunion d'équipe : « Vincent s'oppose aux soins ». Tout était parti de là.

À ce moment-là de l'échange, une interrogation, logique, simple et terrible à la fois, m'était venue et je ne l'avais pas formulée, j'aurais cassé l'élan de mon invité. Cette interrogation, je la formulerais devant l'équipe, avec une certaine maladresse, mais je ne le regrette pas.

Vendredi 9 août 2019

Ce matin, sortie en cour de promenade.

J'ai senti des dizaines de visages se braquer sur moi. Peut-être ma métamorphose durant la canicule. J'ai perdu plusieurs kilos, je porte une barbe de trois semaines. Même ma couronne de cheveux a repoussé. À vrai dire, ce laisser-aller ne me déplaît pas. Je me transforme en ermite.

J'ai fait comme si je ne remarquais pas l'insistance des regards. Lorsque soudain, l'animal avec lequel je m'étais battu s'est approché de moi. Le souvenir du coup a généré un mouvement réflexe de recul. Il a eu un geste rassurant.

— Bianchi, suis-moi.

Je n'ai pas bougé, alors il a désigné du doigt le fond de la cour. Au centre d'un groupe, un homme m'observait, courtaud, les bras croisés. Sans doute un chef. J'ai suivi le sbire, à mon rythme, sur mes gardes. Arrivé devant l'homme, je n'ai rien dit. Je l'ai regardé fixement. L'échange fut bref. Il a demandé :

— Bianchi, ça vient d'où ?

J'ai compris, à son intonation, à son attitude de sphinx, qu'il était Corse. Cela sentait le grand banditisme.

— *Puglia.*

Un seul mot en réponse, en italien et avec l'accent. Il a levé le menton d'un air approbateur.

— On sait pourquoi tu es là. Tu as sauvé la vie d'un homme. Tu t'es battu pour sauver sa vie. Il était condamné.

— C'est une façon de voir les choses.

— Il n'y en a pas d'autres, a-t-il répliqué, sentencieusement. Et tu mérites le respect de tous.

Il a marqué une pause.

— Chico t'a cherché des poux. Je n'étais pas là. Il n'aurait pas dû. Maintenant il a compris.

Le gros Chico, bas du front, gardait les yeux baissés.

— Maintenant, il va te protéger. Les autres aussi.

Il a désigné les quatre ou cinq gars autour de lui.

— Je n'ai pas besoin de protection, ai-je répondu.

Nous gardions les yeux fixés l'un sur l'autre. Ma réponse l'a déstabilisé, une seconde à peine.

— Si, tu en auras besoin, crois-moi. Tout le monde en a besoin ici, tu verras.

— C'est ça : je verrai.

J'ai fait un signe de tête et tourné les talons, étonné d'éprouver, pour la première fois depuis longtemps, quelque chose qui ressemblait à de l'autorité.

Samedi 10 août 2019

Résoudre, c'est d'abord comprendre. Régler l'affaire Lambert nécessitait une écoute sincère des positions et arguments de chaque camp, donc du camp minoritaire dans l'opinion publique : celui des parents. Avec impartialité, dans une recherche de compréhension, comme m'y avait invité mon épouse. Tel était mon postulat.

Je sais me montrer empathique, flatter un peu les gens, dire ce qu'ils veulent entendre pour, petit à petit, les amener vers ma solution.

Dans un de mes premiers postes, j'avais longuement discuté avec un père qui venait de perdre sa fille. Un homme simple qui me disait, désespéré : « L'hôpital, c'est fait pour guérir, pas pour mourir ».

Avec ce souvenir en tête, j'avais prévu d'entamer mon premier entretien avec la mère de Vincent Lambert par un discours du type : « Je vous comprends. Perdre un enfant est ce qu'il y a de plus terrible au monde ».

Mais Viviane Lambert s'était montrée hermétique à cette approche, tout entière concentrée sur son plaidoyer.

Elle avait déversé toute sa haine pour mon prédécesseur et pour le docteur Kariger – « ce nazi ». Elle répétait : « De l'aide, de l'aide, Monsieur le directeur ! »

Elle m'avait signifié que, trois mois avant la décision d'arrêt des traitements, le docteur Kariger avait donné son accord pour que Vincent soit sorti du CHU et passe quelques jours dans la Drôme, pour une fête de famille. Vincent pouvait donc sortir de l'hôpital. Je n'avais pas su quoi répondre, sinon que j'allais vérifier l'information. Je ne m'attendais pas du tout à cela.

Forte de son avance, me voyant pris de court, elle avait embrayé :

— Moi, tout ce que je vois, c'est la résistance de mon fils à la privation d'aliments pendant trente et un jours, Monsieur Bianchi. Un mois sans manger ! Une personne qui a envie de mourir, elle se laisse aller, elle ne résiste pas pendant trente et un jours ! Tous les docteurs vous le diront, cette pulsion de vie, Monsieur le directeur, c'est une preuve – c'est *la* preuve.

Cela sentait l'effet oratoire bien préparé et la fréquentation des avocats. Il me fallait trouver des ripostes. J'avais saisi les premières à ma portée : et le détective privé qui avait suivi Rachel ? Et la mise en scène dramatique de Vincent ? Et les photos sur les réseaux sociaux ? Elle m'avait répondu, avec simplicité, que Kariger s'était lui-même mis en scène à la télévision avec Vincent. Je n'en croyais pas mes oreilles. Elle avait ajouté : « Regardez donc sur internet ! »

Persuadé qu'elle affabulait, j'avais immédiatement vérifié, devant elle. Je n'avais pas tardé à trouver de larges extraits d'une émission intitulée *Zone Interdite*, où mon bon Kariger, filmé auprès de son patient, dans sa chambre, lui expliquait à quel point il se démenait pour respecter sa volonté de mourir.

C'est alors que Viviane Lambert m'avait porté le coup de grâce. À mon rappel des témoignages de Rachel Lambert selon lesquels son mari préférerait « être piqué que mener une vie de légume », elle avait rétorqué :

— Ce que Rachel dit aujourd'hui de ce que mon fils disait hier, je le conteste. Elle n'en a jamais parlé avant que Kariger ne lance le sujet ! Même à Liège, quand on lui a proposé l'euthanasie, elle n'a pas relevé que c'était la volonté de Vincent. Elle a même refusé ! Il faudrait savoir ! Quoi qu'il en soit, ce n'est plus le problème. Le vrai problème c'est sa volonté *aujourd'hui*.

Elle avait tapé du poing sur mon bureau.

— Et vous, Monsieur le directeur, voudriez-vous de cette vie-là ? Dépendant à cent pour cent, cloué dans un lit, avec des couches, incapable de communiquer ? Imaginez donc cela ! Ne préféreriez-vous pas mourir ? Aucun être humain vaillant, en bonne santé, ne « veut » de cette vie-là. Aucun. Mais, supposons que vous soyez à sa place, comment savoir si cette vie-là, ce fil de vie qui lui reste, il ne veut pas s'y accrocher ? Il faut penser à sa volonté d'aujourd'hui, pas à sa volonté d'avant !

J'étais resté muet, sonné. La mère de Vincent avait alors posé une clé USB sur mon bureau.

— Pour preuve de ce que j'avance, je vous remets cet objet. Il est symbolique.

J'avais regardé cette clé, sans la toucher. Elle était en bois, une sorte de bambou, gravée d'un pêcheur tenant son filet, entouré de deux palmiers.

— Que contient-elle ?

— Plusieurs vidéos d'un même air d'opéra. *Les Pêcheurs de perles*, de Bizet, vous connaissez ? L'air est connu, il s'agit de *la Romance de Nadir*. Vincent et Rachel l'ont diffusé à l'église, lors de leur mariage. J'ai trouvé cette musique très belle et demandé à mon Vincent de quoi il s'agissait. Quelques jours plus tard, il m'a offert cette clé USB. Il était attentionné, mon Vincent. Contrairement à ce que vous pourrez lire ou entendre, nous avions une vraie complicité.

Elle s'était interrompue, guettant ma réaction. Avec conviction et émotion, elle avait poursuivi :

— Je vous la donne, car c'est mon espoir. Avec l'équipe soignante du service, le dialogue n'est plus possible. Vous portez un regard neuf sur tout cela. Alors, il est très important que vous utilisiez cette clé : demandez aux soignants, en votre présence, de diffuser cette musique dans la chambre de Vincent. L'interprétation du fichier numéro deux est sa préférée. Surtout, ne mettez pas le son trop fort, son ouïe est très sensible. Et vous verrez : il réagira ! C'est la preuve qu'il est encore doté de conscience. Chaque fois qu'il entend cette musique, je constate qu'il est ému.

— Madame Lambert, avais-je répondu d'un ton ferme, en me redressant, je ne peux accepter cet objet. Je ne peux pas interférer avec l'équipe médicale ! Je suis le chef de cet établissement, je n'exerce pas la médecine ! À l'évidence, je ne pourrai agir ainsi que vous me le demandez.

— Mais si, vous le pourrez ! avait-elle décrété. Vous devez vous forger votre propre opinion sur tout cela, non ? Mon mari s'est renseigné sur vous, vous êtes un directeur à l'écoute, humain. Cela ne vous prendra que quelques minutes, vous verrez !

Je n'avais pas insisté. La clé était restée sur mon bureau.

Dimanche 11 août 2019

Tout est métal autour de moi. Les barreaux, les meubles, la table, la chaise, l'armoire, même mon lit, du cadre jusqu'aux lattes. Et la porte, bien sûr.

Décor oppressant, inhumain. Mais cette impression du début laisse doucement la place à un autre sentiment. Dirais-je qu'il y a quelque chose de sécurisant ? Peut-être. Je vis dans un bunker, qui me protège de l'extérieur. Ou dans une cage de Faraday. La foudre, d'où qu'elle provienne, quelques charges ou particules qu'elle contienne, ne peut m'atteindre. Je suis à l'abri. Sur ma couche, je réfléchis et médite. Sur ma table, j'écris.

Cet univers rétréci me convient.

Lundi 12 août 2019

Au début d'une prise de fonction, il faut poser toutes les questions qui fâchent. Déranger les équipes dans leurs habitudes. C'est une manière de montrer qui est le patron : je sais tout, je vois tout, je devine tout. Pour asseoir mon autorité durablement, je m'en tiens à des questions simples, courtoises, dont le but est très clair : le nouveau directeur, on ne peut pas la lui faire à l'envers.

Réunion avec l'équipe du service de Vincent.

J'arrive toujours avec cinq minutes de retard afin que tout le monde soit présent, sans être impatienté. Kariger vient me serrer la main. L'équipe est au complet : les deux médecins du service, la cadre, les infirmiers et les aides-soignants, le kiné, la nutritionniste, même le brancardier.

Je les mets en confiance : nous sommes entre nous.

Je leur sers une formule que j'affectionne, mon aphorisme habituel sur le métier de directeur : diriger, c'est anticiper l'anticipable, et pondérer l'impondérable. Puis, j'engage le débat :

— Voilà ma position : la décision d'arrêt des traitements a été prise par l'équipe soignante et la communauté médicale, donc par le CHU, donc je soutiens les décisions prises. Pourtant, je vous sens tous sur la défensive. Pourquoi ? Expliquez-moi simplement, en quelques mots, pourquoi cette décision était la bonne. Je vais me faire l'avocat du diable. Cela m'aidera à comprendre.

Je leur pose d'abord la question des quatre-vingt-sept séances d'orthophonie destinées à établir un code de communication. Pourquoi quatre-vingt-sept, chiffre énorme ? Le fait qu'aucun code n'émerge entre le patient et l'orthophoniste doit pouvoir se voir au bout d'une vingtaine de séances maximum. Et, pourquoi ce chiffre : quatre-vingt-sept ? Que s'est-il passé à la quatre-vingt-septième pour que l'orthophoniste dise : « On ne fait pas la quatre-vingt-huitième ? »

Le malaise s'installe dans la pièce. La réponse n'est pas claire. L'orthophoniste a quitté l'hôpital entre-temps, mais il semble que différentes méthodes ont été essayées, nécessitant chacune des dizaines de séances. Je n'en apprendrai pas davantage, alors j'en viens à mon interrogation principale, sur cette prétendue « opposition aux soins » manifestée par Vincent Lambert. Tout le monde confirme : ce fut bel et bien le point de départ de la réflexion en faveur d'un arrêt des traitements actifs. Qui a remarqué cela en premier ? Deux aides-soignantes lèvent la main. Comment cela se manifestait ? Elles décrivent les gestes de Vincent, tournant la tête au moment d'être rasé, ses jambes qui se raidissent au moment de la toilette intime...

La cadre de santé, une grande gigue desséchée, intervient pour me donner la leçon :

— Nous avons l'habitude, c'est notre métier ! Nous sommes à son chevet tous les jours, Monsieur le directeur. Cette observation longue et permanente est irremplaçable. Il faut nous faire confiance.

— Je vous fais confiance, sinon je ne serais pas là. Vous, Madame, vous êtes la surveillante, c'est bien ça ?

— Cadre de santé.

La plupart des infirmières-cadres aiment à se faire appeler surveillante, l'ancienne appellation, ancrée dans l'histoire. « Cadre de santé », ça ne veut rien dire. Pas de chance pour moi, voilà une syndicaliste attachée à son nouveau titre.

— Oui, bien sûr. Avez-vous constaté vous-même ce refus de soins ?

— Je suis la cadre du service, je ne m'occupe pas des toilettes ! C'est ensemble, dans le service, que nous avons constaté ces gestes.

— Dans quel contexte ? Tout le monde assistait à sa toilette intime ?

Gêne.

— C'était pour partager la même observation clinique, être sûrs de ce que nous voyions.

— Je me pose une question, pardonnez-moi si elle dérange. L'une des justifications principales à l'arrêt des traitements est que Vincent est incapable de communiquer, ses lésions cérébrales sont irréversibles, il ne ressent plus rien et n'est sans doute plus véritablement là. Mais s'il a manifesté une opposition aux soins, c'était bien une forme de communication, non ?

Silence pesant. Kariger intervient.

— C'était bien notre observation à ce moment-là. Par la suite, nous avons appris que Vincent avait subi une agression pédophile dans le pensionnat où ses parents l'avaient placé, enfant. Ce rejet de la toilette constituait plutôt un geste réflexe, ce qu'on appelle la mémoire du corps.

— Ce n'était donc pas une manifestation d'opposition aux soins ?

— Aujourd'hui, nous ne le pensons plus.

— Pourtant, c'est bien le point de départ de tout le processus d'arrêt des traitements ?

— Oui.

— Les bases de la réflexion étaient donc erronées ?

La tension emplissait l'air.

— Entendez-moi bien. Je veux comprendre. Même si je bouscule. En résumé vous avez mené avec persévérance quatre-vingt-sept séances d'orthophonie, sans résultat. Puis vous assistez à des gestes du patient, au moment de la toilette, que vous interprétez comme une manifestation de volonté, donc un signe de conscience. C'est bien cela ?

Silence.

— Et ce signe, pourquoi ne vous en êtes-vous pas servi comme base de travail pour développer un nouveau code de communication ? Pourquoi l'avez-vous pris tel quel pour lancer la procédure d'arrêt des traitements ?

C'est alors que dans les yeux de la surveillante s'était formé la haine tandis que sur le visage de tous les autres s'était lu l'effroi.

Mardi 13 août 2019

Il est trois heures du matin, je suis assis en tailleur dans mon lit. Un cri suraigu a déchiré la nuit carcérale, vagissement de folie ou de douleur, difficile à dire, probablement les deux. Il m'a glacé le sang. J'ai pris mon cahier et ma lampe de poche. Le silence, en prison, est particulier. Il ondule, bouge, se cogne contre les parois.

J'avais une idée en tête après le cri, je me suis dit qu'il fallait que je l'écrive ; à présent que mon cahier est ouvert, l'idée a fui.

Demain, je revois le psy. Je n'en ai aucune envie. Je sais que Montchalon voudra me faire parler de mon rapport à la mort. Il veut me faire cracher quelque chose. J'ai retardé autant que possible le décès de Vincent Lambert, j'ai refusé d'exécuter des décisions de justice : j'ai donc un problème avec la mort. Voilà, sans doute, son raisonnement – simpliste. « Réflexion de psy », comme Marie les conspuait. Pour lui donner un os à ronger, je lui raconterai l'histoire du rossignol. Souvenir d'enfance, émotion très négative : avec ça, il aura de quoi cogiter, m'analyser.

Mercredi 14 août 2019

La séance ne s'est pas déroulée comme je l'imaginais, mais je sais qu'il va revenir à l'assaut. Il a fait le gentil. Il m'a jugé en forme. Il a été impressionné par la quantité de pages brunies dans mon cahier. Trop gentil. Il se venge, c'est évident.

— Vous agissez ainsi avec tous vos patients ? Ou parce que j'ai été votre autorité de nomination, que je ne le suis plus, et que j'ai pris, à l'époque, une décision qui vous a déplu ?

J'ai cru déceler à cet instant une légère crispation. Mais il est solide.

— Vous faites bien d'aborder ce sujet. Si vous ne l'aviez pas fait, j'aurais terminé la séance en l'évoquant, car, pour bien travailler dans les semaines qui viennent, nous avons à le purger.

Tu parles d'une purge ! Il n'a pas pu s'empêcher de me démontrer que j'avais pris la mauvaise décision. Le problème est que je ne pouvais lui donner tort ; j'avais été influencé par Marie.

J'arrête d'écrire, il faut que je sorte.

Jeudi 15 août 2019

Montchalon ! Je vous conchie et vous méprise !

Vous feignez la distance, l'écoute bienveillante, mais vous adorez me suivre et m'entendre. Je suis votre patient star, le directeur général du CHU de Reims, vu et nommé sur toutes les chaînes d'info et dans toute la presse. Je suis pour vous ce que Vincent Lambert a été pour moi, la célébrité, le VIP, celui dont on parle dans les dîners, le supplément de carrière, l'anecdote professionnelle.

Besoin d'air. Me projeter dans autre chose.

Dehors, j'ai retrouvé le petit Corse. José Luciani. J'aime son accent chantant, c'est un peu celui de mon grand-père. Conversation anodine, tout était dans le non verbal. On s'est reniflés. Il est en haut de la hiérarchie, ici. La déférence envers le crime organisé... Mais je ne suis pas un concurrent. Je suis mieux : hors catégorie. Pour lui, je suis celui qui a empêché une mise à mort. Je sens qu'il me respecte.

Vendredi 16 août 2019

Le rapport du collège d'experts avait été remis à la fin du mois de mai 2014.

Un excellent rapport d'expertise comme je les exècre : chaque partie pouvait y puiser des extraits, alimentant sa thèse. Les partisans de l'arrêt des traitements le considéraient comme la démonstration ultime de ce qu'ils soutenaient depuis longtemps : Vincent Lambert était atteint « d'une maladie grave et incurable, et souffrait de lésions cérébrales irréversibles ». Les parents et leurs soutiens s'accrochaient quant à eux à une autre phrase du document selon laquelle « le degré de l'atteinte de la conscience de Vincent Lambert ne saurait constituer le seul élément déterminant dans la réflexion du Conseil d'État concernant son maintien ou non en vie ».

Puis, s'était tenue l'audience en formation solennelle.

Le texte, lu par le rapporteur public, m'avait été transmis dans la foulée. Je le ressors de ma pochette. Je pense que la puissante humanité des mots prononcés ce jour-là par ce haut magistrat résonne encore dans la salle du contentieux du Conseil d'État. À leur lecture, je ne comprenais même plus que l'on pût encore s'opposer à l'arrêt des traitements. Le document se terminait ainsi :

« *Avant de conclure, nous voudrions nous tourner vers les membres de la famille de M. Vincent Lambert qui se sont opposés à l'arrêt du traitement, et tout particulièrement vers son père et sa mère. Certains des mots qu'ils ont entendus ont dû leur être douloureux – qu'ils sachent qu'ils ont été difficiles à prononcer. Nous formulons le vœu qu'à défaut de partager les raisons qui nous ont déterminé, ils comprendront que notre souci a été de respecter, en toute humanité, notre rôle de gardien de la légalité. À cet égard, la décision que nous allons maintenant proposer à l'assemblée du contentieux nous paraît non seulement conforme à la lettre de la loi, mais aussi, en notre âme et conscience, respectueuse de la personne de M. Vincent Lambert et de la dignité qui lui est due.*

Par ces motifs nous concluons : à l'annulation du jugement du tribunal administratif de Châlons-en-Champagne. »

Qu'est-ce que cela signifiait ? Que proposait-il exactement ? Nous nous étions tournés vers l'avocat de l'hôpital afin qu'il explicite le sens de ces paroles. En termes clairs, le rapporteur public estimait que les juges qui avaient suspendu la décision du docteur Kariger s'étaient trompés, et que l'arrêt des traitements était légal. Il avait rappelé que ce texte n'était que l'avis d'un magistrat indépendant. Ce n'était pas la décision de justice, même si statistiquement, nous pouvions maintenant nous attendre à une décision favorable. Puis, il s'était ravisé, effrayé par sa confiance : « Restons prudents, car le dossier est hors normes à tous égards... »

Samedi 17 août 2019

Le Conseil d'État avait rendu sa décision quatre jours plus tard.

Le moment avait été attendu avec fébrilité par l'ensemble des parties prenantes : il concentrait toutes les peurs et tous les espoirs de deux années de bataille judiciaire. Et pourtant, personne n'aurait pu imaginer ce qui allait se produire. *Le jour le plus long*. Le surnom n'avait pas duré, tant il est difficile de distinguer un jour le plus long au sein de l'hôpital français.

J'avais proposé à mon directoire et aux équipes médicales de Sébastopol, qui n'étaient pas en service, de nous réunir dans la salle du Conseil de surveillance, transformée pour l'occasion en salle de crise. Il y avait tout ce qu'il fallait, des lignes téléphoniques, l'écran de télévision, du café, des sandwichs.

La décision devait être rendue à quatorze heures. Il fallait prévenir les risques de trouble à l'ordre public aux abords de Sébastopol, et éviter les débordements des journalistes attroupés.

Surtout, il fallait se concerter sur l'attitude à adopter selon le sens de la décision. Si le Conseil d'État confirmait que la décision d'arrêt des soins était la bonne, alors je laisserais Éric Kariger répondre aux questions des journalistes. Si, au contraire, le Conseil d'État confirmait le tribunal administratif de Châlons-en-Champagne, désavouant ainsi le médecin, il était convenu que je prendrais la parole. J'avais même préparé un texte pour ma déclaration à la presse. Il commençait par « Le Centre hospitalo-universitaire de Reims prend acte de la décision du Conseil d'État », et se poursuivait par quelque chose comme : « Le CHU appelle à l'apaisement au sein de la famille de Monsieur Lambert et étudiera dans les prochains jours, en lien avec les équipes médicales, les moyens de trouver un juste équilibre dans l'interprétation des volontés et intérêts du patient ».

C'était assez médiocre. À la vérité, je ne savais pas très bien quoi dire pour accepter une décision de poursuite des soins, qui aurait été extrêmement mal vécue par les équipes.

Étrange séquence, à la manière d'une soirée d'élection. Deux camps opposés, aux positions inconciliables, disposant chacun de son quartier général, avec des caméras partout, dans l'attente fiévreuse du résultat.

« *Dans le cas particulier de Monsieur Vincent Lambert...* ».

Quatorze heures. Déclaration de presse du vice-président du Conseil d'État, grand personnage, par la taille et la stature. Sa voix était posée, rassurante, incarnée, malgré les flashs et le brouhaha. Chaque mot avait été choisi. Il en ressortait la puissante et sereine impression que la justice avait été rendue :

« *Au vu de tous ces éléments médicaux et non médicaux, le Conseil d'État a jugé que le médecin en charge de M. Vincent Lambert avait respecté les conditions imposées par la loi pour l'arrêt des traitements. Après avoir recueilli l'avis de six autres médecins et de la famille, il a pu, sans commettre d'illégalité, et aussi douloureuse que soit cette décision, estimer que la poursuite des traitements traduisait une obstination déraisonnable.* »

Dans notre QG, soulagement de l'ensemble des participants. Avec retenue, toutefois : il s'agissait d'une décision d'arrêt des soins. Un homme allait en mourir, à très brève échéance. Il ne fallait pas l'oublier, ne pas transformer ce succès judiciaire en victoire électorale. Pas d'effusion, pas de joie. Juste le devoir accompli et validé par la plus haute juridiction.

Et la question, qui s'était posée immédiatement : comment reprendre le processus d'arrêt des traitements ?

Viviane Lambert avait annoncé qu'en cas d'échec de son recours, elle irait devant la Cour européenne des droits de l'homme. Cela avait été jugé comme une menace de plus, maladroite, pour faire pression sur le Conseil d'État. Une idée bien floue.

Nous avions levé le camp vers dix-huit heures. J'avais regagné mon bureau. J'y travaillais encore lorsque, vers vingt-deux heures trente, Thomas Keller avait déboulé et, sans mot dire, avait allumé ma télévision. Sur l'écran affolé, je découvrais ce rebondissement, que personne n'avait anticipé : la Cour européenne venait d'ordonner en urgence à la France de suspendre la décision du Conseil d'État dans l'attente de l'examen de l'affaire.

J'avais immédiatement songé à l'épouse, à cet ascenseur

émotionnel terrible dans lequel elle était embarquée. Et à ce palier franchi, cette dimension nouvelle du dossier, qui éloignait encore un peu plus les débats de la chambre n° 6 où séjournait Vincent.

C'était une affaire d'État, cela devenait une affaire européenne.

Thomas et moi avions regardé, en silence, cet écran de chaîne d'infos pendant de longues minutes. Puis je l'avais entendu murmurer, dans sa barbe de trois jours : « Les salopards... », sans que je sache qui il désignait au juste par ces mots : les juges de la Cour ou les parents Lambert. Les parents, voulais-je croire, mais avec lui on ne pouvait pas toujours savoir.

Dimanche 18 août 2019

Demain je vois l'avocate. J'appréhende. L'angoisse revient, celle des premiers jours ici, la prostration ; pas envie de la voir.

Je me souviens de Thomas, à l'issue de ce jour le plus long.

— C'est le recours de trop, c'est un recours abusif ! répétait-il dans sa fureur. Sérieusement, Jean-Luc, les parents nous prennent en otages !

Je ne répondais rien. Alors il avait tenté de raisonner.

— Sommes-nous liés par la Cour européenne ? Nous, CHU de Reims, avons reçu une décision favorable du Conseil d'État. Doit-on obtempérer à une demande faite par des juges européens et adressée au gouvernement ? Je ferai vérifier en interne, demain.

— On ne vérifie rien du tout, avais-je rétorqué brusquement. On a un juge qui demande de stopper, on stoppe. Peu importe qu'il soit français, européen, local, national : il dit, on fait. Arrête de déconner. On ne va pas commencer comme les deux toubibs du service qui ont débranché Vincent sans attendre le retour du patron. Et puis, ce n'est pas en ignorant un juge et en faisant les bourrins que je pourrai mettre à mon actif la résolution de l'affaire Lambert.

Vers minuit, appel sur mon portable, cela venait de Paris. Le directeur de cabinet de la ministre de la Santé me demandait de ne pas débrancher Vincent et m'annonçait une directive écrite de la ministre en ce sens, pour le lendemain. En réalité, je m'inquiétais surtout du temps que prendrait ce nouveau recours. Je me raccrochais à l'idée que, si la Cour européenne avait réagi en quelques heures, elle pourrait peut-être statuer en quelques semaines.

Jamais je n'aurais imaginé, à cet instant, que l'arrêt de la Cour de Strasbourg ne serait rendu qu'un an plus tard.

Le respect du juge... Combien de fois, en 2015 et 2016, Thomas m'objecterait-il mes propres paroles, lorsque je ferais tout ce qui serait en mon pouvoir pour contourner les décisions de justice ultérieures ?

Je peux te le dire Thomas, tu vois maintenant : la manière dont j'ai agi ensuite m'a mené ici, dans ce cachot. Donc c'est tout de même moi qui avais raison cette nuit-là, et toi qui avais tort.

Deuxième cahier

Mercredi 21 août 2019

J'entame aujourd'hui un nouveau cahier. Je me suis séparé du premier. Je l'ai donné à mon avocate.

Julie Simon-dit-Roy…

La crasse et la puanteur carcérales s'écartent sur son passage. Elle me fait penser à Marie, en plus sophistiquée. Vêtue de beige, de perles et de soie, elle met un point d'honneur à ne pas abaisser son registre vestimentaire en entrant *ici*. Elle conjure.

Elle est venue lundi. Elle a pris son temps, m'a expliqué comment les choses allaient se passer dans les prochaines semaines. J'ai compris : je suis ici pour longtemps. Je l'accepte.

Elle est revenue hier. Il s'agit maintenant de réfléchir à ma défense. Elle m'a expliqué qu'il lui fallait trouver la faille.

— Tout dossier contient une faille. Reste à l'identifier. Ensuite, on l'exploite.

J'ai commencé à lui raconter. Elle a écouté, pris des notes, m'a parfois coupé : « Soyez plus synthétique ».

— Mes initiatives sont difficilement défendables, ai-je conclu. J'ai contourné beaucoup de règles, mais j'ai bénéficié de complicités. Enfin, c'est un autre sujet…

— Non, c'est le même. Vous avez manqué de discernement et enfreint la loi.

Elle a réfléchi un moment.

— Impossible d'expliquer tout cela à des juges. C'est à vous de le décrire, avec vos mots et en prenant votre temps.

J'ai sorti mon journal de ma poche.

— Le psychiatre m'a dit la même chose.

Elle l'a feuilleté, s'est attardée sur certains passages.

— Enfin une bonne nouvelle, a-t-elle souri en levant les yeux vers moi. C'est avec cette matière qu'on trouvera comment vous sortir de là. Vous devez continuer.

Elle a fouillé dans son sac, en a sorti un cahier d'écolier dont elle a arraché quelques pages annotées.

— Tenez, prenez-le, j'en rachèterai un autre. En attendant, si vous le permettez, je garde celui-là.

Elle a ajouté :

— Il faudrait songer à une maison d'édition.

J'ai éclaté de rire.

— Pourquoi riez-vous ? s'est-elle étonnée. Il y a un coup à jouer.

Et me voici, avec un cahier vierge dont je remplis les premières pages. Je prends goût à cette expérience quotidienne.

Jeudi 22 août 2019

Montchalon était en grande forme ce matin.

J'avais décidé de jouer au patient obtus. Cela ne l'a pas dérangé : il a parlé de lui. Manifestement, il adore ça. Il a longuement démontré son utilité sociale en milieu carcéral. Soigner les pulsions de mort en détention, plutôt que les angoisses de mort en ville. Il a parlé de tout ce qu'il voyait ici, de ce que les gens avalent, fourchettes, boulons, aiguilles ; de ce qu'ils font à leur corps, les scarifications, les zébrures rougeâtres sur le torse, blanchâtres sur les avant-bras, lorsque les tendons apparaissent. Il m'a expliqué les signalements, ces moments où le psychiatre est appelé en cellule, toutes affaires cessantes. Où son rôle est celui d'un médecin urgentiste, sur une urgence absolue.

Il m'a questionné sur la perception de la mort au sein de l'hôpital. Dans les statistiques, les hôpitaux n'affichent plus le nombre de décès – uniquement celui des naissances. Il y a trente ans, on donnait tous les chiffres.

La conversation prenait un tour intéressant. Ce n'était plus un médecin et son patient, mais deux hommes confrontés à la gestion de la mort dans leur travail.

Pourquoi les morgues des hôpitaux sont-elles des endroits aussi glauques, où la question de la qualité de la prise en charge ne se pose même pas ? Étrange civilisation.

Comment en sommes-nous arrivés à ne même plus mentionner le nombre de personnes décédées à l'hôpital ? Par superstition, peut-être : si on n'en parle pas, il y en aura peut-être moins ! Ou par honte : s'il y a des défunts, c'est un mauvais hosto.

L'humanité s'est pourtant construite sur deux fondements : l'écriture et le culte des morts. L'infini respect dû au cadavre, veillé jour et nuit, couvert d'attentions, de fleurs, d'objets divers, de prières, dès l'instant suivant le dernier souffle.

Disons les choses clairement : oui, les gens meurent à l'hôpital. Ils meurent, ils crèvent, ils clamsent. Dans leur pisse et leur merde, leur bave et leur vomi.

Un collègue m'avait dit un jour, parlant d'un petit centre hospitalier de zone rurale, sur le point de fermer : « C'est un bon hôpital, on y meurt très bien ». Il était ironique, alors qu'il aurait pu être sincère : l'hôpital est aussi là pour ça. Recueillir au quotidien les expectorations, nettoyer les fluides corporels, désinfecter les purulences. Et puis, surtout : soulager les souffrances qui précèdent et annoncent le trépas. Le soin palliatif, progrès civilisationnel majeur. Pour permettre aux gens de mourir dignement.

Malin, ce psy, décidément : il a réussi à me faire parler de moi, sans que je m'en aperçoive.

Car j'en suis venu à lui raconter mon papy à la morgue.

J'avais seize ans, mon grand-père paternel, mon préféré du monde entier, était à l'hôpital depuis plusieurs jours et son état se dégradait. Ma mère le veillait presque jour et nuit. Un soir, elle était rentrée épuisée. Elle m'avait dit : « Jean-Luc, ton papy ne va pas bien, il serait content que tu ailles le voir. Moi j'ai dû rentrer, j'y retournerai demain ».

Je pars aussitôt. Le chemin est long et les rues grimpent. Il fait nuit. J'arrive dans le service, la porte est entrouverte et la chambre est vide. Je ne comprends pas pourquoi. Les couloirs sont déserts. Je pense qu'on l'a changé de chambre. Je finis par trouver une infirmière. Elle a le regard las et semble ennuyée – contrariée d'être de corvée d'annonce.

Je suis arrivé trop tard. Comment ça trop tard ? Trop tard de quoi ? Où est-il ? Elle me répond avec indifférence. Oui, je peux le voir, il a été descendu à la morgue. Descendu où ?

La morne indifférence de cette femme, de ces couloirs aux multiples portes, l'impensable indifférence de cet hôpital, de cette ville, de ce pays, pour le drame qui vient de se produire, me frappent de plein fouet. Où sont les glas à faire sonner, les horloges à arrêter, les voiles noirs à étendre ?

Je recherche la morgue à travers les interminables couloirs, escaliers et ascenseurs. Elle n'est indiquée nulle part. Je m'égare, reviens sur mes pas, ne trouve personne à qui demander mon chemin. Un homme de ménage finit par me donner quelques explications confuses, sans doute troublé par mon jeune âge.

J'arrive sur les lieux. Les lumières sont blafardes, un néon grésille, plusieurs brancards vides sont alignés dans le couloir principal. Mon papy est là. Seul, contre un mur, le drap à peine relevé sur son torse, la tête raide, rejetée en arrière, sans oreiller, la bouche ouverte, ses rares cheveux blancs en bataille. Que dire d'autre ? La peau est tirée, la mâchoire figée. Ils ne lui ont même pas refermé la bouche.

L'image de cette bouche béante aux lèvres tendues et ma haine de l'hôpital à cet instant précis, ont peut-être été à l'origine de ma vocation. Afin que, jamais plus, aucun enfant ne tombe, à la morgue, sur son papy crevé la gueule ouverte.

Vendredi 23 août 2019

Il est quatre heures du matin. J'ai horriblement mal dormi. J'ai envie de blâmer Montchalon, bien sûr, mais je suis plus intelligent que cela.

Mon esprit est brumeux et mon ventre vide, mais je ressens le besoin de poursuivre. J'attaque aujourd'hui un très gros morceau : le livre de Rachel Lambert. Et ce qu'il cachait.

Vincent – parce que je l'aime, je veux le laisser partir

Le courage de cette femme qui clame : « Mourir est ce qu'il voulait et c'est ce qui est le mieux pour lui ». Titre émouvant. Tout semblait dit. À ce moment-là, j'étais encore porté par l'unanimisme. Mon cerveau avait évacué les doutes de la réunion de synthèse. Mon discernement, mon libre-arbitre étaient anesthésiés.

Sous la pernicieuse influence de Marie, la sensation d'ouvrir les yeux allait s'emparer de moi quelques jours plus tard et ne plus me quitter pendant les trois années suivantes.

Fin septembre 2014, déjeuner du directoire. Ordre du jour chargé. Contraintes budgétaires pour boucler plusieurs programmes de travaux : le nouveau bâtiment pour l'hospitalisation de jour de rééducation à Sébastopol, et, en parallèle, les travaux de réfection des réseaux d'eau chaude et d'eau froide à l'American Mémorial Hospital.

Dès les premiers instants et sans égard pour le programme des débats, Marie Salmon, présidente de la commission médicale d'établissement, avait pris la parole, presque fébrilement :

— Vous avez tous vu passer le livre de Rachel Lambert, qui vient de sortir ? Eh bien, lisez-le attentivement. Quelque chose y est enfoui, dissimulé. Difficile à trouver, car il faut deviner, déduire, induire, interpréter. Sur la personnalité de son mari.

Certains avaient maugréé : encore un truc de psy. Mais, curieux malgré tout : un secret à déceler, une donnée cachée à trouver. Tous des gosses, les médecins. Elle avait insisté et emporté leur conviction :

— Lorsque vous aurez trouvé, vous verrez : tout se tient. Quelque chose de crucial, d'inavouable, sur Vincent Lambert lui-même, son état de santé, son accident.

Samedi 24 août 2019

J'avais lu deux fois le livre, coup sur coup. La première fois, avec effort. Il m'avait fallu une bonne semaine. J'étais partagé entre l'ennui et l'agacement. Chaque page dégoulinait de sucre et de miel ; tout était magnifique avant, tout était terrible après. La gentille qui affronte, seule, une armée de méchants. Une narratrice exaspérante de naïveté, subissant les évènements de l'existence dans une attitude de perpétuelle défensive. Je n'avais rien trouvé de ces indices prétendument cachés au cœur de l'ouvrage et ne voyais pas où Marie voulait en venir.

J'en avais parlé avec Thomas. Ses impressions de lecture étaient identiques aux miennes. C'est alors que je m'étais dit : si Thomas, l'expéditif, me parle *eau de rose* et *superficiel*, c'est qu'il faut aller au-delà et rechercher un autre degré de lecture.

Cela m'avait pris un soir. Une bouteille de Taittinger brut prestige y était passée. J'avais relu le livre d'une traite.

J'étais passé complètement à côté du texte, la première fois. Ce soir-là, j'avais fait connaissance avec Rachel Lambert, et peut-être avec Vincent lui-même.

Les gendarmes sonnent : « Votre mari a eu un accident ». Les attentes interminables à l'hôpital, sur les chaises en plastique, un bébé de deux mois dans les bras. Clémence, allaitée dans les courants d'air des services de réanimation. Vincent, des tuyaux partout, relié à des machines, à des écrans. La voie veineuse centrale. La catastrophe. Puis, une nouvelle vie qui démarre, un quotidien à l'hôpital, au chevet d'un mari qui ne se réveille pas. Un bébé de deux mois, puis trois, puis quatre. Les poignets de Vincent qui s'enroulent, signe d'une souffrance neurologique intense. Les pronostics des docteurs. Cerveau gravement endommagé. Les yeux de Vincent qui s'ouvrent avec un regard trouble, indistinct. Elle est infirmière, elle sait : c'est celui des personnes en état végétatif. Le cauchemar. Malgré tout, la lutte, chaque jour, avec un espoir, toujours un peu d'espoir.

Dans ma première lecture, je m'étais dit : il n'y a pas de style. Mais pourquoi en aurait-il fallu ? Au diable, le style ! Tout était dit. Tout sonnait juste.

Maintenant que j'essaie d'écrire moi-même, je mesure la difficulté de mettre des mots sur des pensées, des faits, pour susciter l'intérêt et la réflexion d'un lecteur. Comment expliquer, comment convaincre, comment susciter cette fameuse envie de tourner la page, alors que tout a déjà été écrit, depuis la nuit des temps, sur l'amour, la douleur, la mort et le deuil ?

Rachel Lambert y était parvenue. Sans doute parce

qu'elle n'avait aucun objectif, aucun but à atteindre, simplement le besoin de raconter un homme, un couple, une famille naissante, un accident terrible – et cette souffrance. Sans recherche de pitié ou d'empathie. Avec le souhait de rétablir la dignité d'un homme. Pas même sa dignité d'ailleurs, mais son identité, son individualité.

Et c'est ainsi, par la seule puissance de sa sincérité et de ses blessures, que Rachel Lambert parvenait à inscrire dans l'histoire des livres une page nouvelle et originale sur l'amour.

Dimanche 25 août 2019

Je n'ai pas envie d'écrire aujourd'hui. Je réfléchis. Je mûris mon propos.

Je repense à ce que j'ai fait pour retenir Vincent. À Rachel, à son livre, son combat. À l'information que je détiens depuis peu – *il a dit oui* – et qui ne peut lui parvenir.

La nuit tombe doucement. Entre les barreaux de ma cellule, le ciel est rouge, majestueux.

Je songe à ce que j'ai raconté à l'avocate. Je reste encore aujourd'hui effaré par la valse des évènements dans cette affaire – et par mes propres agissements. Stupéfait d'avoir réussi ce que j'ai entrepris, sans être découvert, pendant si longtemps.

Lundi 26 août 2019

Réunion suivante, aucun absent. Le directoire au grand complet.

Depuis ma seconde lecture du livre de Rachel Lambert, les mêmes questions ne cessaient de me tourmenter. Connaissait-elle *vraiment* son mari ? L'avait-elle cerné ? Rien n'était moins sûr. Elle décrivait un homme solide, un cocon familial comme une bulle de bonheur, elle terminait son ouvrage par un : « Dors, mon petit cœur ». Pourtant, le lecteur averti commençait à percevoir les ambivalences d'un homme que sa jeune épouse s'était, semble-t-il, refusée à voir. Vincent Lambert était un écorché vif, un mélancolique marqué par les traumas familiaux. Il parlait souvent de la mort et répétait qu'il mourrait jeune.

J'avais dit, sur le ton détaché que j'affectionnais :

— Peut-on avoir confiance dans les propos d'une femme qui baigne à ce point dans le sirop de grenadine ? Elle décrit un amour sans nuage, alors que son mari était à lui seul le ciel sombre et l'éclair.

Je m'étais arrêté là. Aucune hypothèse précise. Dans les yeux de Marie Salmon, une lueur d'intérêt, peut-être d'admiration. Elle avait immédiatement saisi mon propos, s'était tournée vers l'assistance :

— En effet, Rachel Lambert dépeint un être au tempérament taciturne, parfois colérique, travaillé par l'angoisse de mort. On le sait tous aujourd'hui : il a vécu dans une famille gravement dysfonctionnelle. Il a été mis en pension à l'autre bout de la France, où il a été abusé sexuellement. Observez bien la manière dont Rachel Lambert décrit les deux premiers mois qui suivent la venue au monde de leur enfant : une idylle absolue, le bonheur à l'état brut, la joie permanente d'accueillir ce bébé dans leur foyer.

En effet, telle était la description. Cela ne m'avait évoqué aucune anomalie, mais je n'avais pas d'enfant. Elle avait poursuivi :

— Parmi tous ceux qui ont des enfants autour de cette table, qui a vécu les deux premiers mois de cette façon ?

La question avait provoqué un brouhaha d'acquiescements et d'anecdotes amusées. Apparemment, la réalité était très éloignée des contes… Manque de sommeil, soins du cordon, reflux gastriques, érythèmes fessiers, il était question de beaucoup de choses désagréables qui confirmaient, s'il le fallait, mon souhait de ne jamais les connaître.

— Dans cette histoire, avait poursuivi Marie, rien ne colle avec le profil psychopathologique complexe de Vincent Lambert. C'est une réécriture totale, une description non réaliste. Rachel Lambert est peut-être sincère ; rien ne dit qu'elle ait eu conscience de la situation. La réalité, c'est qu'un hyperanxieux, rongé par l'angoisse de mort, ne peut pas être apaisé du jour au lendemain lorsqu'il devient père. Au contraire, ce moment de bouleversement, de cumul des responsabilités et de perturbations environnementales et nerveuses est le terrain idéal de résurgence des traumas anciens. L'instant de tous les dangers de décompensation.

Les assiettes refroidissaient, plus personne ne mangeait.

— Où veux-tu en venir ? avaient lancé plusieurs collègues.

— Vous connaissez tous la dépression post-partum. Savez-vous qu'elle affecte également les hommes ? J'en vois certains qui paraissent surpris, dans l'assistance. Toujours cette vieille illusion française selon laquelle la dépression n'est rien d'autre qu'une manifestation hormonale ou un dérèglement occasionnel avec facteurs génétiques, n'est-ce pas ? Aux États-Unis, on n'éprouve pas ces scrupules. La dépression est une véritable maladie. Qui se traite comme telle et n'est pas honteuse…

Elle avait laissé passer un silence, puis avait lâché :

— Pour les dépressions post-partum, la zone la plus à risque se situe entre six et douze semaines après la naissance. Clémence en avait huit.

Je fais au mieux pour relater mon souvenir de ce discours technique et quelque peu jargonneux de la cheffe du service de psychiatrie infanto-juvénile. Elle avait continué :

— Si Vincent avait été percuté par un camion, je n'aurais peut-être jamais évoqué tout ce dont je suis en train de parler. Mais le fait est qu'il a été retrouvé au bord d'une route qu'il connaissait par cœur et qu'il empruntait en début d'après-midi, après une sieste, pour aller au travail. En clair : il faut penser l'hypothèse du coup de volant. Autrement dit : une TS.

Pour ceux qui me liront et qui l'ignorent, cela signifie, en langage hospitalier : tentative de suicide.

Tout le monde avait perdu l'appétit. Plus tard, dans l'après-midi, le cuisinier était venu me voir pour demander ce qu'il avait raté. Seul Thomas Keller avait attaqué son assiette. La bouche pleine, il s'était écrié :

— Il faut absolument l'annoncer ! L'argumenter médicalement puis l'annoncer publiquement. Vincent Lambert a fait une tentative de suicide, il souhaitait mourir, c'est son libre arbitre, il faut respecter cette dernière volonté. Point. C'est parfait. Affaire résolue ! *Next* !

Une majorité nette du directoire rejoignait l'avis de Thomas. L'ensemble devenait cohérent. Si Vincent Lambert avait voulu mettre fin à ses jours, il était logique de considérer qu'il n'y avait pas lieu de poursuivre aujourd'hui son calvaire, mais, au contraire, de respecter sa dernière volonté. Et de la concrétiser.

Marie avait balayé l'argument avec superbe :

— Ça, c'est le niveau zéro de la réflexion ! Je savais

que la discussion allait partir dans cette direction. Je coupe court. Un acte de suppression de soi-même, c'est quelque chose qui s'explique de mille manières, qui recèle mille significations. C'est un acte qui s'analyse et s'interprète. Dans de nombreux cas, l'objectif n'est pas de cesser de vivre, mais simplement de mettre fin à une souffrance, à l'impossibilité d'assumer ou d'affronter quelque chose ; parfois, même, c'est un message, une manière de communiquer. Ici, les éléments manquent encore pour comprendre pleinement ce passage à l'acte. Il faudrait enquêter. Je retiens deux éléments. Le premier : si notre patient était en dépression post-partum, cela signifie qu'il était malade. Il ne mesurait pas pleinement les conséquences de son geste et on ne peut dès lors pas affirmer qu'il y avait une volonté éclairée d'en finir. Le deuxième : si Vincent avait vraiment voulu mourir, il aurait mûri un projet qui aurait présenté beaucoup plus de chances d'aboutir. Il n'aurait pas tenté le simple coup de volant en bord de route départementale.

Elle avait laissé à l'assistance le temps de digérer ses propos.

— Ce geste-là, avait-elle poursuivi, est marqué par l'impulsivité, par la souffrance aiguë d'un instant. Il ne peut donc être interprété comme la manifestation non équivoque d'une volonté, qu'il faudrait aujourd'hui respecter. J'irai même plus loin. J'utilise souvent avec mes patients, ou avec des parents d'adolescents rescapés d'une tentative de suicide, la phrase suivante : « *Quand on vient d'échapper à la mort, on vit dans la surprise devant l'évidence de la vie* ». Il faudrait donc envisager l'hypothèse suivante, radicalement opposée : Vincent nourrit aujourd'hui un profond désir de survivre.

Nous étions sortis sans un mot de cette réunion du directoire, abasourdis.

Mardi 27 août 2019

Il est six heures du matin. Je me suis habitué à ma paillasse. J'y passe beaucoup de temps, de nuit comme de jour. Elle est très inconfortable, je découvre, au fil des semaines, des maux de dos jusqu'alors inconnus. Le matelas est si mou, presque vaseux, que je sens à travers lui le sommier métallique. Et pourtant, j'y suis bien. C'est un lieu propice au vagabondage des pensées. Je m'y allonge. Son inconfort me tient éveillé et je réfléchis, concentré, à ce que je vais écrire dans mon cahier, à une manière de tourner mes phrases, d'exprimer mes actions, et les situations que j'ai vécues. J'imagine des tournures innovantes, une réflexion pénétrante. C'est mon petit berceau d'illusions. J'en suis bien conscient. Mais il me procure ce qui m'a souvent manqué : des joies simples.

Mercredi 28 août 2019

Deux jours après la réunion du directoire, je reçois un appel du Phasme. Ma secrétaire Véronique me cherche dans les couloirs et m'interpelle :

— Le directeur de l'Agence régionale de santé est en ligne, il dit que c'est de la plus haute importance.

— C'est qu'il veut me parler de lui, car rien n'a plus d'importance, lui réponds-je, agacé d'être dérangé.

Je retourne à mon bureau et prends l'appel. Je me souviens de son ton enjoué, si inadapté aux circonstances :

— Bianchi, il a été porté à mes oreilles une théorie qui intéresse en haut lieu. L'accident de Vincent Lambert ne serait pas un accident. Vous confirmez ?

— Je ne confirme rien, Monsieur le directeur, mis à part l'émergence de cette théorie.

— Donc vous confirmez ! Très bien, très bien ! Il se tient parfaitement, ce scénario, c'est passionnant.

— Je vous arrête, Monsieur le directeur. Je ne peux garantir sa fiabilité, ni même son intérêt. Hypothèses et conjectures, qui reposent sur peu de choses, relèvent d'une sphère très intime, et dont on peut difficilement tirer de quelconques conclusions.

— Au contraire, Bianchi, au contraire. Avec ça, nous avons ce qui nous manquait : l'expression de sa dernière volonté. Et puis, le dossier est tellement dans la nasse que toute hypothèse est bonne à prendre. Écoutez, c'est bien simple, le cabinet de la ministre est au courant, ils sont unanimes et je suis chargé de vous passer la directive : vérifiez cette théorie, recherchez des preuves. Rapprochez-vous de celle qui l'a échafaudée, votre jeune présidente de CME qui me semble bien prometteuse, formez une équipe, prenez qui vous voulez et enquêtez. Sommes-nous en phase ?

Pour le Phasme, confier les basses œuvres relevait de la délectation. Mais je n'allais pas dire non au cabinet de la ministre. J'avais dit oui. Il avait terminé ainsi :

— Pour des raisons évidentes, mais vous vous en doutiez, cette directive restera verbale. Ensuite, lorsque vous aurez les preuves, je prendrai le relais et piloterai la stratégie de communication, ne vous inquiétez pas.

C'est ainsi qu'à l'automne 2014, j'avais découvert Marie Salmon. Jeune femme intense, sûre de sa valeur. À juste titre, peut-être. J'avais compris que, pour l'approcher, il fallait garder mes distances.

Nous nous retrouvons à un pot pour célébrer le départ en retraite du chef de service d'oncologie. Je m'approche d'elle et engage la conversation, au moment où nous est servie une coupe de champagne.

— On vous a sans doute déjà posé la question, avez-vous un lien de famille avec la maison Billecart-Salmon ?

— Une seule fois, a-t-elle souri. Un prof de médecine, alcoolique. Non, aucun lien à ma connaissance. Voudriez-vous que je procède à une recherche généalogique, pour en être sûre ?

Je suis piqué, mais ne relève pas. Ne pas me justifier. Je poursuis directement sur mon sujet :

— Votre vision de l'accident de Vincent Lambert est intéressante. La première chose à faire serait d'en parler à l'épouse pour connaître son ressenti. Imaginez que l'on puisse réfléchir avec elle à une manière d'utiliser cette théorie pour servir sa cause !

Marie fait non de la tête.

— Je n'ai pas confiance en Rachel. Elle est limitée, dépassée par les évènements. Elle ne peut pas saisir la complexité psychologique de son mari et elle ne peut être l'interprète valide et complète de ses volontés. Elle n'a pas assez de recul et de finesse pour cela. D'ailleurs, il y a des zones d'ombre dans ses propres versions. N'est-il pas étrange que, jusqu'à l'an dernier et la première décision de Kariger, elle n'ait jamais évoqué la volonté réitérée de son mari de ne pas être maintenu artificiellement en vie, alors qu'elle aurait eu maintes occasions de le faire, notamment à Liège ? L'épisode est connu : le directeur de ce Coma Science Group a proposé une euthanasie qu'elle a refusée. Rachel Lambert, c'est malheureux, est un esprit perdu. Il nous faut mener l'enquête nous-mêmes pour tenter de comprendre les mécaniques à l'œuvre dans l'esprit de Vincent Lambert. À l'hôpital de le faire. Ou à vous-même, ou à moi, je ne sais pas encore.

Elle me tend sa coupe de champagne vide, je ne sais interpréter son geste : faut-il que je la remplisse ou que je l'en débarrasse ? J'opte pour la poser sur le buffet, à côté de nous. Les mains vides, elle termine :

— Une personne qui pourrait davantage nous renseigner, même si elle n'a pas plus de recul que l'épouse : c'est la mère. Elle ne sera pas coopérative, mais sans doute plus fine dans la connaissance de son fils. Il faudra être malin, orienter les questions, voire la manipuler quelque peu, dans le seul but de mieux comprendre Vincent et d'en dresser un profil psychologique plus aiguisé.

C'est le discours que m'avait tenu Marie ce jour-là, alors que je la connaissais à peine. Comme si elle parvenait à lire à travers les gens et à les comprendre malgré eux. Elle était convaincante.

Je n'allais plus cesser durant des mois, des années, d'être convaincu, envers et contre tout, par cette magicienne, parfois blanche, parfois noire.

Jeudi 29 août 2019

Ce matin, j'ai tenu à Montchalon un discours qui peut se résumer ainsi : à la vérité, la mort m'indiffère. La mienne comme celle des autres. La mienne viendra, avec ou sans préavis. Je n'ai même pas à lâcher prise, car je n'ai, dès le départ, aucune prise sur cet évènement de ma vie.

Il y a quelques années, je croisais souvent l'une des femmes de ménage de la direction générale qui commençait son service à sept heures, le lundi matin. J'étais moi-même déjà à mon bureau. Un jour, je l'avais vue qui passait l'aspirateur d'une main, tamponnant de l'autre ses yeux avec un mouchoir. Elle pleurait. Elle venait d'apprendre la mort de son père. Elle continuait pourtant son travail, comme chaque lundi. J'avais tenté de trouver quelques mots de réconfort et lui avais proposé de rentrer chez elle. Elle avait tenu à continuer son service. Au fond de moi, j'avais pensé : « Bon, c'est triste, mais c'est ainsi, la vie continue, ce n'est pas la mort d'un enfant. Il n'y avait pas de quoi se mettre dans cet état-là. » Je n'avais pas pleuré au décès de mon père – ni à l'annonce, ni à l'enterrement. Pas plus qu'à celui de ma mère, d'ailleurs.

Montchalon m'a rétorqué sur son ton habituel, nonchalant et docte :

— Vous savez, Monsieur Bianchi, la peur de la mort est quelque chose d'universel. D'aussi loin que l'homme est homme, il a conscience de sa finitude. Et il en a peur. C'est normal. Si vous êtes content de vivre, vous avez plutôt envie que cela continue, non que cela s'arrête. C'est aussi simple que ça ! Le fait que votre existence puisse cesser du jour au lendemain, de manière définitive, constitue la définition de l'angoisse métaphysique majeure, théorisée par Freud : l'angoisse de mort. Ainsi, cher Monsieur, je ne crois pas un seul instant à votre affirmation selon laquelle la mort vous indiffère. Il existe un seul moment de vie au cours duquel la mort ne fait plus peur, et encore, cela varie d'une personne à l'autre, et surtout, cela s'est perdu depuis une trentaine d'années : c'est le moment du mourant. L'individu sait qu'il va mourir, c'est une question d'heures, mais il est entouré des siens, il a réglé ses affaires, il est en paix avec lui-même, il peut regarder la mort en face.

Vendredi 30 août 2019

Au dernier trimestre 2014, je mobilisais l'essentiel de mon énergie à l'élaboration du programme de construction du nouvel hôpital. Il serait ma gloire. Je voulais aller vite.

Je n'oubliais pas pour autant mon mandat occulte, celui qui venait *d'en haut*. Les propos et suggestions de Marie

Salmon m'avaient incité à organiser un échange avec Viviane Lambert.

J'avais préparé l'entretien. Je savais que je devais faire attention à chaque terme employé. La capacité de réécriture et de surréaction de mon interlocutrice était hors du commun. Mes propos pouvaient se retrouver déformés dans les médias dès le lendemain. Et puis, comment évoquer l'hypothèse d'une tentative de suicide de Vincent avec sa mère, catholique traditionnaliste ?

Je l'avais fait avec tact, il me semble, sans employer le mot. La réaction de Viviane Lambert avait été immédiate :

— Qu'est-ce que vous chantez là ? Balivernes ! C'est François qui cherche à vous influencer, n'est-ce pas ? C'est lui qui vous en a parlé ? Il est partout dans les médias celui-là, mais il ne représente rien pour mon fils.

— Vous faites allusion à François Lambert, son neveu ? avais-je demandé. Je peux vous assurer que je ne l'ai jamais rencontré, il ne m'a donc jamais parlé de quoi que ce soit. Mais cela sous-entend que cette théorie existe au sein de la famille…

Elle avait été interloquée, l'espace d'une seconde, puis s'était reprise.

— Non, enfin… je ne sais pas. Ce serait tout à fait dans l'esprit de François. Il croit connaître son oncle mieux que quiconque et surinvestit ses propres blessures d'enfance pour montrer sa proximité avec lui. Je veux bien admettre une chose, Monsieur le directeur, et je ne vous apprendrai rien puisque tout le monde ne parle que de cela. Oui, Vincent a été un enfant parfois sombre, un adolescent un peu compliqué, je l'admets. Il avait ses colères. Il a eu ses problèmes dans cette pension, c'est une douleur de mère qui ne part pas. Il en a claqué des portes chez nous, pendant des années, mais j'ai toujours ressenti en lui, et c'est mon cœur de mère qui parle, une incroyable envie de vivre, de surmonter ses démons. C'est une certitude. Et je peux vous dire autre chose, même si je ne m'entends plus avec ma belle-fille : elle a eu un effet apaisant sur lui. C'est incontestable. Personne n'aurait imaginé qu'il se marierait et aurait un enfant. Il l'a fait avec Rachel, tout le monde était à son mariage et tout le monde était présent au baptême de Clémence. C'était un grand bonheur de voir Vincent à ces cérémonies, serein. Donc, vos hypothèses, balivernes ! Même un vieux démon qui serait repassé par son esprit ce jour-là ne pourrait faire prétendre à quiconque, aujourd'hui, que Vincent voudrait mourir. C'est ridicule. Et puis, si vous me permettez, en quoi tout cela vous concerne-t-il ? À quoi cela vous avance-t-il de réfléchir à des théories fumeuses ? Vous êtes le directeur de cet hôpital. Vous gérez, c'est marqué là, en gros, alors de quoi vous mêlez-vous ?

Elle avait gardé son index pointé sur mon affiche du concours des directeurs d'hôpitaux, sans me quitter des yeux, avec quelque chose, dans le regard, qui semblait vouloir jeter un sort.

— Et d'ailleurs, je vais vous dire, Monsieur le directeur, ce François qui croit se faire porte-parole de Vincent, il a été l'un des premiers scandalisés, lorsque nous avons appris, par hasard, que Vincent n'était plus alimenté depuis déjà quinze jours. Il a été l'un des premiers à chercher un avocat pour faire interrompre la décision et réalimenter Vincent. Demandez-lui, il n'aura qu'à assumer. Il était opposé à l'arrêt des traitements. Donc attention à tout ce qu'il peut vous dire.

Elle avait continué sur le même ton que lors de notre précédente discussion... Elle préparait un livre, se battait pour la vie de son fils, vous comprenez, Monsieur le directeur ! C'est le combat de ma vie. Je me bats pour toutes les mères. Qui sommes-nous pour juger de la qualité de sa vie, ou même du sens d'une vie ?

— Et relisez donc le jugement du tribunal administratif de Châlons-en-Champagne ! Vous verrez, tout y est.

Avait-elle senti que je commençais à vaciller ? Je l'ignore. Mais, une fois de plus, elle avait gagné la bataille de l'argumentation. Et avait ébranlé encore davantage mes positions.

Samedi 31 août 2019

Ce matin, en promenade, je discute avec un détenu qui m'a abordé pour me poser des questions sur l'Affaire. Comment étais-je parvenu à garder Vincent aussi longtemps en vie ; pourquoi cela ne s'était-il pas terminé en 2015, après l'arrêt de la Cour européenne ? Il est un peu insistant, mais bien renseigné. Je vois Luciani s'approcher à grands pas, encadré par deux sbires, dont le gros Chico. Ils s'intercalent entre mon interlocuteur et moi.

— Bianchi, tu ne parles pas à celui-là, ordonne le petit baron corse.

— Et pourquoi pas ? Je parle avec qui je veux. Mais si ça te chante, tu peux te joindre à nous.

Les trois s'esclaffent en même temps.

— C'est la première fois qu'on me propose de tchatcher avec un pointeur, dit Luciani en se tournant vers ses gars, qui rient de plus belle.

Il se retourne vers moi, son sourire a disparu.

— T'as pas compris, Bianchi. Personne ne lui parle : c'est un pointeur. Tu lui parles pas, c'est tout.

Je ne sais pas ce que sont les pointeurs mais, avant que je ne pose la question, l'homme fait demi-tour, la tête basse, sans un mot, comme s'il était habitué à ce jeu et en acceptait les règles. José Luciani fait signe à ses deux affidés de rester en retrait et se met à marcher tranquillement avec moi.

— Bianchi, il faut que je te demande quelque chose. Ma mère s'est fait diagnostiquer un cancer de la gorge. C'est moche, mais elle peut se battre. Le problème, c'est qu'elle habite un village dans la montagne, près de l'Ile-Rousse. C'est très mauvais l'hôpital, là-bas, pour les cancers. Très mauvais. Je veux qu'elle vienne à Reims, qu'elle soit bien prise en charge. C'est ma mère. Il faut que tu t'en occupes, avec tes contacts.

Je ne sais que dire. La demande de service est formulée comme un ordre. Le sujet de la plus haute importance. C'est amusant, même les mafieux, les braqueurs, ont une maman et tiennent à en prendre soin.

— Je ne vois pas pourquoi je ferais ce que tu me demandes. Pour quelle raison est-ce que je courrais ce risque ? De toute façon, je n'ai le droit d'entrer en contact avec personne à l'hosto, donc je vois difficilement comment je pourrais organiser la prise en charge de ta mère. Désolé.

— Tu as les contacts. Au sommet, dans la direction, tu as les contacts. Tu peux trouver un moyen de les activer. Si ça vient de toi, ça peut marcher.

— C'est impossible. Et même si je le pouvais, pourquoi est-ce que je le ferais ?

— En échange d'un service pour toi qui sera encore plus important. Tu peux compter sur moi. Tu as ma parole.

— Je te l'ai déjà dit, je n'ai besoin de rien. Si je te demandais quoi que ce soit, je me rendrais redevable. Donc, non.

Il me regarde la mâchoire serrée et ajoute, sur un ton faussement détaché, le regard dur :

— *Lascia corre*. Laisse tomber. Je vais me débrouiller autrement. Mais c'est dommage... ajoute-t-il. Dommage pour toi.

Dimanche 1er septembre 2019

Je peux affirmer que je connais tout du fonctionnement de nos institutions, au-delà de notre système de santé. Les rouages de l'État, des collectivités, de notre justice. Jamais cette complexité ne m'a fait peur, au contraire : elle m'amuse.

En revanche, La Cour européenne des droits de l'homme était très abstraite dans mon esprit. Je savais qu'elle existait et qu'elle était située à Strasbourg. J'avais compris qu'elle était au-dessus des Cours suprêmes nationales, c'est à peu près tout. Thomas m'avait expliqué que nous n'étions plus en première ligne dans cette nouvelle procédure : c'étaient les parents de Vincent Lambert contre l'État français. Le CHU ne serait même pas partie à la procédure. Cela m'allait très bien. Le jour-même, Thomas avait dit : « Regardons l'audience, elle est retransmise sur le site internet de la Cour. Il faudra bien faire quelque chose de cet arrêt, car il ne va pas forcément résoudre l'affaire de lui-même. Autant nous forger notre opinion ».

Janvier 2015. Je rassemble mes souvenirs quatre ans après, ils ne sont pas très précis. Une salle d'audience lumineuse et apaisante, un parterre au bleu de l'Europe, avec ses étoiles. Une salle comble, des caméras – et dix-sept juges. Je ne savais pas que c'était possible, une Cour mobilisant dix-sept juges pour un dossier. Ils étaient tous entrés en file indienne, dans une robe également bleu Europe. Beau spectacle, sereine solennité, sensation d'une justice de très haut niveau.

Je ne me rappelle évidemment pas les arguments développés par chacun. L'impression dominante était celle du doute, lancinant. Thomas l'avait bien résumé : « Ils sont forts, les mecs ! Quand j'entends le gars du gouvernement français, je suis d'accord avec lui. Ensuite, j'écoute les avocats des parents, et ça me fait mal de le dire, mais je suis en phase avec eux. Et quand j'entends les avocats de Rachel et du neveu, eh bien, je suis d'accord aussi. On fait quoi avec tout ce bordel ? »

Lundi 2 septembre 2019

François Lambert, le neveu de Vincent, de quelques années seulement son cadet, occupait dans les médias la place de Rachel pour porter la parole de la partie de la famille favorable à l'arrêt des traitements.

Il demandait à me voir depuis plusieurs mois, j'avais systématiquement décliné, l'estimant non légitime. Mais je l'avais aperçu sur la vidéo de l'audience, et m'étais remémoré les mots de Viviane à son sujet. Les *besoins de l'enquête* m'avaient alors incité à revoir ma position.

J'avais donc proposé à François Lambert un rendez-vous, en présence de Marie, en sa qualité de présidente de la commission médicale d'établissement.

S'était présenté à nous un jeune homme calme et déterminé. Sans égard pour son apparence, il semblait habité par sa mission. Il accédait ainsi, peu à peu, à un statut social qui lui avait sans doute manqué dans cette famille dysfonctionnelle.

Je lui avais d'abord demandé de s'expliquer sur ce que Viviane Lambert avait prétendu : son opposition au premier arrêt des traitements. Il ne s'était pas démonté :

— Je ne démentirai pas, au contraire, je l'assume. Oui, sur le moment, nous étions tous choqués par la méthode. Nous étions convaincus, comme nous le sommes aujourd'hui, que c'est ce que Vincent souhaitait. Mais le faire sans nous prévenir ! Vous vous rendez compte ? Oui, j'ai pensé prendre un avocat et lancer une procédure pour interrompre le processus, mais uniquement pour pouvoir rassembler la famille et lui dire adieu dans de bonnes conditions. C'est aussi simple que ça.

Il avait enlevé son pull, il avait chaud et commençait à transpirer. J'avais abordé la théorie de Marie. Nous étions convenu, elle et moi, de dire les choses très ouvertement. Là encore, François Lambert avait répliqué avec beaucoup d'évidence et de simplicité. Oui, il s'était posé la question, comme, selon lui, de nombreux membres de la famille.

C'était désormais une évidence : cette théorie avait traversé l'esprit de tous ceux qui connaissaient bien Vincent. Tous en avaient discuté, débattu. Avant de s'accorder sur le fait que c'était à Rachel de construire l'histoire de cet accident, « avec toutes les réserves qu'on peut mettre sur ce mot », avait conclu le jeune homme.

Je m'étais tourné vers Marie, sonné par cette révélation : elle avait vu juste, seule contre tous. Elle avait esquissé une moue satisfaite, le sourire du tireur d'élite qui a mis dans le mille.

Mardi 3 septembre 2019

Quelques semaines plus tard, à l'issue d'un directoire, j'avais abordé Marie Salmon : « Allons sur les lieux ! Pour savoir si l'accident de la route dissimule une tentative de suicide, il nous faut voir sur place, voir la route à cet endroit précis ».

C'est ainsi que je m'étais retrouvé, un dimanche après-midi, à conduire une voiture de service, Marie à mes côtés, vers ce petit village dont le nom m'échappe aujourd'hui, où résidait le couple Lambert à l'époque.

Nous étions allés jusque devant la maison et l'avions observée quelques minutes, en silence. Puis, redémarrant, nous avions parcouru le chemin que nous estimions le plus logique et le plus direct vers le centre hospitalier de Châlons-en-Champagne où exerçait alors Vincent.

Nous avions roulé sur cette route rectiligne, comme taillée au cordeau. La visibilité était parfaite, aucun obstacle. Rien ni personne n'avait jamais mentionné le fait que Vincent aurait cherché à éviter un animal ou un autre véhicule. Pas de traces de freinage. Il ne pouvait alors émerger qu'une intuition forte, proche de la conviction : en ce début d'après-midi d'une journée de septembre 2008, Vincent Lambert, au volant de sa voiture, sur cette route parfaitement droite, avait nécessairement donné un coup de volant.

Je me remémore ces quelques heures passées avec Marie, ce dimanche après-midi, dans une lumière de fin d'hiver. Elle était vêtue d'un jeans et d'un pull en cachemire, ses cheveux dénoués. Si différente de l'hôpital.

Nous avions parlé boulot, avec détachement, sans silence gêné, nous comprenant à demi-mot. C'était simple. Je l'avais vue sourire, rire, même, à mes anecdotes.

Sur le chemin du retour, elle m'avait tenu un discours parfaitement construit et cohérent, à partir des travaux récents portant sur les comportements suicidaires, pour m'indiquer que ce scénario prenait définitivement forme dans son esprit. Vincent Lambert avait fait une tentative de suicide dans son adolescence. Il multipliait les comportements de mise en danger, notamment en voiture : la fameuse conduite *ordalique*, celle qui défie les dieux et la mort. Le coup de volant, pour se foutre en l'air. Technique peu fiable, mais qui permet de dissimuler l'acte de suppression de soi-même en accident.

— Le mal-être de Vincent était probablement plus profond que jamais, à cet instant. Et d'autant plus douloureux qu'il devait le dissimuler à tous, à lui-même aussi, peut-être.

J'avais alors insisté pour donner du sens à cette pseudo-enquête qu'on m'avait chargé de mener : s'il avait voulu mettre fin à ses jours, même de cette façon, ne fallait-il pas respecter cette dernière volonté ? N'était-ce pas la preuve suprême justifiant l'arrêt des traitements ?

— Au contraire ! avait-elle objecté. Il faut se méfier des tentatives non réfléchies. Le coup de volant, c'est une impulsion, un passage à l'acte furtif. Vincent était sans doute infiniment attaché à sa femme et à sa fille, heureux d'être père, mais épuisé physiquement et nerveusement, inapte à combattre ses vieux démons. Il s'est heurté à ce que les dépressifs nomment la « montagne infranchissable », qui n'est autre que le simple fait de vivre au quotidien. On ne peut rien en déduire, d'une prétendue volonté de mourir aujourd'hui.

Nous avions fait un long détour pour passer par Rethel, l'un des nombreux lieux de vie successifs de la famille Lambert. Une grande et belle maison à côté du presbytère, qui n'avait rien d'austère. Nous avions recherché également le lieu de culte de la Fraternité sacerdotale Saint-Pie X où, d'après Marie, la famille se rendait tous les dimanches. C'était une petite porte au rez-de-chaussée d'une maison d'angle nichée dans un quartier sans intérêt. Presque une cave.

À vrai dire, je ne sais pas ce que nous cherchions. L'appartenance des parents à ce courant intégriste du catholicisme était connu, documenté, archicommenté dans les médias. C'était une curiosité personnelle, pas malsaine, mais inutile. J'accompagnais Marie, qui se passionnait pour cette recherche.

Mercredi 4 septembre 2019

« *C'est à Rachel de construire l'histoire* »... Ces mots du neveu de Vincent, qui respectait la prééminence de l'épouse, résonnaient en moi. Malgré l'avis de Marie, j'avais estimé utile de recueillir le sentiment de la partenaire de vie du patient.

En tout et pour tout, je n'ai eu que trois conversations avec Rachel Lambert, entre 2014 et 2019. Chacune m'a bousculé au-delà de ce que j'aurais imaginé.

Notre premier échange s'était déroulé dans mon bureau. Officiellement, il s'agissait de faire le point sur la prise en charge du patient dans l'attente de l'arrêt de la Cour européenne des droits de l'homme, puis d'envisager les conséquences de cet arrêt, quel qu'en soit le sens. Mais j'avais rapidement abordé le véritable objet de cet entretien que j'avais provoqué.

— Vous savez, Madame Lambert, que la situation de votre mari est devenue une *affaire*. Un cas à résoudre. Lorsque j'ai pris mon poste, il m'a été demandé de réfléchir à la situation que vous affrontez, vous et votre mari. Et, si possible, de trouver des solutions. Pour cela, je dois réfléchir à toutes les hypothèses et écouter toutes les versions. J'ai lu votre livre. C'est un récit courageux. Mais, dans ce que vous avez écrit, quelque chose m'a interpellé.

Elle hochait la tête. Femme de peu de mots, elle ne répondait qu'aux questions expressément formulées. Elle attendait le point d'interrogation.

J'avançais prudemment, car, à la vérité, j'étais très mal à l'aise. Mais la directive verbale du directeur de l'ARS me taraudait. Je devais me faire violence, pour savoir, prouver, et satisfaire le ministère. *Il le fallait.*

– On ressent chez votre mari des déchirements d'enfance, avais-je développé. Nous savons depuis l'audience en janvier dernier ce qu'il a subi dans cette pension, et que vous relevez de manière très pudique. Au-delà de cet abus sexuel, on voit toutes les insécurités qu'il a vécues, son changement de père, de nom, de lieux de vie, dans un contexte religieux particulièrement rigide et pesant. Il a sa part d'ombre, sans doute comme beaucoup de gens... Se pourrait-il que son accident soit en réalité, d'une certaine manière, volontaire : il aurait pu masquer une dépression sévère, et serait, peut-être sur un coup de tête, passé à l'acte ce jour-là... C'est sans doute difficile à formuler, car je ne sais pas si vous l'aviez identifié, mais j'avais besoin de l'évoquer avec vous, car si cela était plausible, il y aurait également une forme d'explication, et d'arguments supplémentaires au sujet de l'arrêt des traitements, car cela serait finalement une manifestation supplémentaire de sa volonté.

Elle avait fini par me couper. Sa réponse, sur un ton monocorde, avait été cinglante :

– Que croyez-vous, Monsieur le directeur. Je connais mon mari mieux que personne, en tout cas mieux que ses propres parents qui ont mis beaucoup d'énergie, pendant des années, à nier sa personnalité, à le considérer comme interchangeable avec ses frères et sœurs, à le contraindre à un même moule. Je pense être la seule à l'avoir vraiment compris. Vous croyez m'annoncer quelque chose, parce que ça ne figure pas dans le livre. Vous me prenez pour qui ? Évidemment c'est une hypothèse. Difficile à considérer pour moi comme pour ma fille, mais je sais, surtout depuis quatre ans que je suis moi-même accompagnée par plusieurs psychologues, ce que c'est de souffrir d'une maladie comme la dépression, car c'est une maladie. Et oui, même pendant ses deux premiers mois de paternité, en refaisant le film, je me souviens de moments d'énervement : il s'était emporté contre un commerçant un samedi matin, ou contre des objets dans la maison. Je me disais que c'était le manque de sommeil, rien de plus...

Elle avait tendu la main vers le verre d'eau que j'avais préparé pour elle et avait bu une gorgée, lentement, en réfléchissant.

— Mais vous savez, avait-elle poursuivi, tout le monde pense le connaître, mieux que moi – mieux que lui-même ! Chacun pense à sa place, tout le monde sait ce qu'il y a dans sa tête. Je ne supporte plus ça. Et maintenant, vous vous y mettez aussi ! Je ne supporte plus ça... Dans le livre, je parle de notre entente profonde autour de notre fille. Et c'est vrai. Tout est vrai. Même s'il luttait contre ses démons intérieurs, il était aussi et sincèrement heureux d'être père. Et ça, j'en suis convaincue. J'ai aussi écrit ce livre pour ma fille, pour qu'elle puisse le lire plus tard et qu'elle comprenne mon combat. Alors pourquoi lui écrire cela ? À quoi cela servirait-il ? Respecter la volonté de mon mari, c'est l'accompagner dans ce choix qu'il avait toujours opéré et annoncé, de ne pas être maintenu en vie. Un choix conscient et constant et qui n'avait rien à voir avec une dépression ou une envie de se suicider. Et vous croyez que c'est un argument en faveur de l'arrêt des traitements ? Ça n'a rien à voir. On ne va pas cesser plus facilement l'alimentation et l'hydratation d'une personne en état végétatif chronique parce qu'elle s'est remise d'une tentative de suicide. C'est ridicule !

Un silence gênant s'était installé. J'avais hésité un instant, je m'étais raclé la gorge, puis m'étais lancé :

– J'entends ce que vous dites, Madame Lambert, et je n'insiste pas. Mais j'ai besoin de comprendre. Au regard de ce que vous décrivez, et face à un choix aussi affirmé de votre mari, pourquoi, dans ce cas, n'avez-vous pas accepté l'euthanasie proposée en 2011 par le neurologue, à Liège ?

Son visage s'était crispé, grimaçant, et des larmes avaient coulé.

– C'est toujours pareil, avait-elle murmuré en faisant non de la tête. Tout le monde pense pour moi, pense mieux que moi. Tout le monde imagine que les décisions sont simples. Qu'ils prennent tous ma place et ils verront ! Et je les regarderai !

Elle s'était redressée pour conclure :

– La vérité, c'est que, dans la même conversation, ce professeur avait parlé d'euthanasie et de séances d'orthophonie. Il avait mis, sur le même plan, mort et espoir. L'orthophonie, c'était la possibilité d'une communication. Pouvoir à nouveau discuter avec mon mari. Vous imaginez ? À ce moment-là, comment pouvais-je dire : « Non, pas d'orthophonie pour établir le contact, on débranche » ? Évidemment, j'ai choisi la seconde proposition ! Évidemment. Ce professeur avait rendu un diagnostic de « conscience minimale plus ». Je me suis accrochée à ce « plus », c'est humain, non ?

Cette conversation n'a jamais quitté mon esprit. Tant de signaux faibles ignorés. Et un signal fort : ce jour-là, j'avais fait la connaissance de Clémence, la fille de Vincent et Rachel – l'être généré par un Vincent pleinement vivant. Et, vivante, elle l'était, elle aussi. Je m'attendais à une petite fille renfermée, vaguement farouche, au sourire triste. Elle était tout le contraire.

Lorsque j'avais raccompagné sa mère, j'avais trouvé la fillette absorbée dans un coloriage, sur un coin du bureau de ma fidèle Véronique. Elle avait bondi de son siège pour rejoindre sa mère, afin de lui montrer son dessin. Puis elle s'était tournée vers moi. Elle avait sans doute compris qui j'étais. Tout en me regardant intensément, elle avait lancé :

— Mon papa, il a été un tout petit peu mort et maintenant il aimerait l'être complètement.

— Ah bon, tu es sûre ? lui avais-je répondu. Comment le sais-tu ?

Elle avait réfléchi un instant, puis avait énoncé, sur le ton de l'évidence :

— Il me l'a dit.

Jeudi 5 septembre 2019

Au lever du jour, à travers les barreaux de ma fenêtre, j'ai contemplé une nuée d'oiseaux qui ondulait dans le ciel du matin, comme une douce vague de fond. Je me suis dit : aujourd'hui est une bonne journée pour raconter à Louis de Montchalon l'anecdote du rossignol.

Ce n'est rien du tout, cette histoire. Un souvenir d'enfance qui va et qui vient dans ma mémoire. Une histoire de rien.

J'avais neuf ou dix ans. Je jouais dans le jardin de la maison d'un copain d'école. Il a sorti une petite carabine à air comprimé et quelques plombs. Des jouets de l'époque, à coup sûr interdits aujourd'hui. Au fond du jardin, un grand sapin. Sur une branche haute, un oiseau. Nous étions des gamins, avec une arme de jeu. Jouons à la guerre, jouons à la chasse. Chassons l'oiseau. Nous ne voulions pas le toucher. J'ai dit : « On vise plus haut, beaucoup plus haut, pour ne pas le toucher, c'est un jeu ». J'ai tiré. Mais la carabine n'était pas puissante, la pression de l'air comprimé insuffisante et le plomb a très vite entamé une courbe. Et touché l'oiseau.

La petite chose est tombée, de branche en branche. Nous nous sommes précipités et l'avons trouvée à terre, tremblante, un peu de sang coulant de son bec. Je me souviens de ses yeux, petites billes noires affolées, et de ses ailes qui frissonnaient. C'était moche.

Il n'y avait qu'une seule chose à faire : l'achever. Je ne pouvais pas. Mon copain s'en est chargé. Cela n'a pas semblé le déranger. Il a chargé un autre plomb dans sa carabine, sans se presser, puis a tiré à bout portant. Nous avons trouvé un petit coin dans le jardin, à l'arrière du sapin, et avons creusé trois coups de pelle pour l'enterrer.

C'est ainsi que, de la communauté des rossignols, j'ai anéanti un membre. Cet oiseau avait sa vie, qui s'inscrivait dans un cycle, dans un groupe. Elle s'était arrêtée là. À cause de moi.

Il est mort il y a très très longtemps, ce rossignol. Il est mort, mais il piaille encore à mes oreilles.

Samedi 7 septembre 2019

En juin 2015, la Cour européenne des droits de l'homme avait rendu son arrêt.

L'instant était décisif, à notre niveau. Les journalistes allaient à nouveau camper devant Sébastopol et saturer le standard téléphonique du CHU. Il fallait que je sache, en même temps qu'eux, le sens de cet arrêt.

Nous avions donc attentivement regardé, avec Thomas et plusieurs membres du directoire, la courte vidéo dans laquelle le Président de la Cour, dans la grande salle d'audience face aux avocats, à Viviane Lambert et à Rachel Lambert, annonçait le verdict. Son débit avait été rapide et son langage technique. Nous étions tous décontenancés.

L'instant d'après, une image montrait les avocats de Viviane, bouche pincée, et je m'étais dit : s'ils avaient gagné, cela se verrait sur leur visage. Sans imaginer encore de quoi ils étaient capables. Une autre image montrait Rachel, tournant la tête vers son avocat, à gauche, puis vers son autre avocat, à droite, sans comprendre, n'osant y croire.

La Cour venait d'annoncer, dans son arrêt, par douze voix contre cinq, qu'il n'y aurait pas violation du droit à la vie en cas de mise en œuvre de la décision du docteur Kariger.

Mon brave chef de pôle était définitivement légitimé dans ce qu'il avait entrepris. Il avait quitté Reims depuis plusieurs mois, je n'avais plus de contact avec lui, mais je l'imaginais également derrière son écran, qui devait se demander s'il avait bien entendu et bien compris. J'étais heureux pour lui. Mais dans un doute de plus en plus profond concernant l'affaire.

J'avais ensuite feuilleté l'arrêt imprimé par Thomas dans la foulée. Il était long et dense, mais clair et bien construit. Pourtant, ne s'y trouvait aucune véritable analyse. La Cour se retranchait derrière une notion qu'elle appelait la « marge d'appréciation des États » et terminait en évoquant la rare complexité juridique des questions posées, concluant au fait que, globalement, les choses avaient été faites correctement... Tout cela manquait de conviction.

Ce qui m'intriguait beaucoup aussi, c'est que le document imprimé par Thomas ne s'arrêtait pas à la signature du Président et du greffier. Un autre texte démarrait, dans la foulée, intitulé *opinion dissidente*.

Fascinant. C'était ce que *pensaient* les cinq juges qui avaient voté différemment :

« Nous regrettons de devoir nous dissocier du point de vue de la majorité. Après mûre réflexion, nous pensons que, à présent que tout a été dit et écrit dans cet arrêt, à présent que les distinctions juridiques les plus subtiles ont été établies et que les cheveux les plus fins ont été coupés en quatre, ce qui est proposé revient ni plus ni moins à dire qu'une personne lourdement handicapée, qui est dans l'incapacité de communiquer ses souhaits quant à son état actuel, peut, sur la base de plusieurs affirmations contestables, être privée de deux composants essentiels au maintien de la vie, à savoir la nourriture et l'eau, et que de plus la Convention est inopérante face à cette réalité.

Cette affaire est une affaire d'euthanasie qui ne veut pas dire son nom. Manifestement, les critères de la loi Leonetti, tels qu'interprétés par la plus haute juridiction administrative, dans les cas où ils sont appliqués à une personne inconsciente et soumise à un "traitement" qui n'est pas réellement thérapeutique, mais simplement une question de soins, ont en réalité pour résultat de précipiter un décès qui ne serait pas survenu autrement dans un avenir prévisible. »

Au terme de cette lecture, la tête me tournait. Sensation banale, car quiconque regarde au fond de cette affaire et de cette famille a le vertige.

Dimanche 8 septembre 2019

M'étaient revenus en mémoire les propos de Viviane Lambert : « Relisez le jugement du tribunal administratif de Châlons-en-Champagne ! Tout y est. »

Je l'avais longtemps ignoré, tout le monde l'avait ignoré. L'attention des protagonistes, des médias, des commentateurs divers et variés, se focalisait sur la décision du Conseil d'État. Personne n'avait eu la curiosité de revenir au point de départ : la première décision de justice, rendue par neuf juges.

J'avais demandé à Thomas Keller de me le procurer. Il est toujours dans ma pochette.

Je pourrais relier chacune des phrases de ce jugement à chacun de mes constats, depuis mon arrivée ; devant Éric Kariger, devant l'équipe soignante de l'unité, devant Thomas, devant Marie. En réalité, tout commentaire, toute analyse ou explication de texte sont inutiles. Il se suffit :

« Considérant que la décision querellée d'arrêter l'hydratation et l'alimentation artificielles est motivée par la volonté qu'aurait exprimée M. Vincent Lambert de ne pas être maintenu en vie dans un état de grande dépendance ;

que s'il résulte de l'instruction que le patient a exprimé pareille position devant un de ses frères et son épouse, cette expression, qui n'est au demeurant pas datée avec précision, émanait d'une personne valide qui n'était pas confrontée aux conséquences immédiates de son souhait et ne se trouvait pas dans le contexte d'une manifestation formelle d'une volonté expresse, et ce quelle qu'ait été sa connaissance professionnelle de la situation de patients en état de dépendance ou de handicap ;

que la circonstance que le patient aurait entretenu des relations conflictuelles avec ses parents et ne partagerait pas leurs valeurs morales ou leurs engagements religieux, ce dont atteste la majorité des membres de sa fratrie, ne permet pas davantage de regarder M. Vincent Lambert comme ayant manifesté une volonté certaine de refuser tout traitement s'il devait subir une altération de ses fonctions motrices et cognitives telle que celle qu'il connaît aujourd'hui ;

que, par ailleurs, il ne saurait être déduit des manifestations pouvant traduire le déplaisir et l'inconfort qu'induisaient les soins, qui ont été unanimement constatées par le personnel soignant à la fin de l'année 2012, dont il est au demeurant constant qu'elles ont cessé, une interprétation univoque quant à la volonté du patient de rester ou non en vie ;

qu'ainsi, et dès lors qu'aucun code de communication n'a pu être mis en place avec le patient, le Dr Kariger a apprécié de manière erronée la volonté de M. Vincent Lambert en estimant qu'il souhaiterait opposer un refus à tout traitement le maintenant en vie ;

qu'il résulte par ailleurs de l'instruction, et notamment du rapport établi par le centre hospitalier universitaire de Liège en août 2011, que M. Vincent Lambert est en état de conscience "minimale plus", impliquant la persistance d'une perception émotionnelle et l'existence de possibles réactions à son environnement;

qu'ainsi, l'alimentation et l'hydratation artificielles qui lui sont administrées, dès lors qu'elles peuvent avoir pour effet la conservation d'un certain lien relationnel, n'ont pas pour objet de maintenir le patient artificiellement en vie, cet artifice ne pouvant au demeurant se déduire du seul caractère irréversible des lésions cérébrales;

Considérant qu'il résulte de tout ce qui précède que la décision du 11 janvier 2014 de cesser l'alimentation et l'hydratation artificielles de M. Vincent Lambert caractérise une atteinte grave et manifestement illégale au droit à la vie ».

Au moment où je le lis, en juin 2015, ma conviction se forge. Et ma lente, très lente descente aux enfers, commence.

Troisième cahier

Lundi 9 septembre 2019

Le temps s'est refroidi.

Mon avocate s'est présentée au parloir ce matin. Elle était vêtue d'un pull à col roulé et à manches courtes, très fin, très élégant. La bonne matière, la bonne couleur. Certaines personnes ont une aptitude innée à être exactes.

Elle me dit, classiquement : « J'ai une bonne et une mauvaise nouvelle », mais ne me laisse pas le temps de choisir.

— Je commence par la mauvaise : le juge d'instruction a lancé des commissions rogatoires très larges. Il fait entendre toute l'équipe médicale et paramédicale du service de Sébastopol, ainsi que la famille. Il instruit à charge. Il vous convoque dans un mois, le 14 octobre. Rien ne se passera pour vous avant cette date et vous resterez ici.

Je reste parfaitement calme, ce qui semble la décontenancer quelque peu.

— Cette affaire me concerne mais ne m'intéresse pas, dis-je. Ce qui m'intéresse, c'est mon journal. Ici, j'avance. Jour après jour, page après page, un mot après l'autre. Quelque chose, dans cet écosystème carcéral, me convient.

— Dans ce cas, ma bonne nouvelle devient excellente, répond-elle. J'ai peut-être trouvé une maison d'édition.

Quelques secondes durant, j'ai la nette impression que le volume puant et crasseux du parloir se dilate. Je lui demande des précisions.

— Différents réseaux professionnels, répond-elle vaguement. J'ai pu contacter une directrice littéraire, je l'ai rencontrée, je lui ai expliqué, je lui ai montré le cahier, elle l'a feuilleté, m'a demandé de l'emprunter. Elle m'a rappelée deux jours plus tard en me disant qu'elle souhaitait vous rencontrer. Elle vous proposera certainement un contrat. Elle aimerait lire la suite.

Je ne sais trop quoi dire, je la remercie.

Avant de partir, elle prend mon deuxième cahier. C'est un peu tôt, mais ce hasard fait bien les choses, car désormais, j'entame le récit d'une nouvelle période, celle où, entre juillet 2015 et octobre 2016, j'ai cru que j'étais au mieux, dans mes fonctions et dans ma vie.

Mardi 10 septembre 2019

Peu de temps après l'arrêt de la Cour européenne des droits de l'homme, le CHU avait annoncé qu'une nouvelle réunion collégiale entre les médecins et la famille se tiendrait le 15 juillet 2015. L'avant-veille, Marie Salmon était entrée dans mon bureau, sans rendez-vous. La présidente de la commission médicale d'établissement n'avait pas besoin de rendez-vous. Elle avait regardé autour d'elle, calmement, posant son regard sur chaque affiche et photo. Elle me faisait patienter – et j'acceptais ! Jusque-là, j'étais toujours resté plutôt distant avec elle, même lors de notre pseudo-enquête. Elle avait décidé qu'il était temps pour elle d'avoir l'ascendant. Devant la photo représentant mon père, mon oncle et Séguy, elle avait demandé :

— C'est vous, au milieu ?

— Oui, c'est moi. J'avais des cheveux...

Réponse absurde. Réponse d'un homme décontenancé.

— Vous étiez très beau. Mais vous êtes mieux maintenant. La calvitie vous donne de l'autorité, avait-elle ajouté, en me regardant dans les yeux.

Était-ce de la flatterie ? Certainement. Elle voulait obtenir quelque chose de moi.

— Puisque nous savons maintenant que mon hypothèse était exacte, avait-elle déclaré en se campant devant moi, avons-nous le droit, déontologiquement, humainement, de laisser le processus de fin de vie reprendre son cours ? Avant d'avoir compris et vérifié ce que la tentative de suicide de Vincent signifiait réellement ? N'y a-t-il pas un moyen de l'empêcher, sans le dire ? Vous êtes habile, mon cher directeur. Vous trouverez bien quelque chose.

— Cette théorie a en effet du sens, c'est indéniable, avais-je répondu. Néanmoins, aucune conséquence, aucune déduction ne pourra en être tirée. La mère réfute votre théorie, tandis que l'épouse, avec laquelle je m'en suis entretenu, l'admet avec pudeur, mais estime qu'aucun lien ne peut être fait avec les choix de son mari. Et son témoignage s'est avéré, je dois dire, particulièrement convaincant. C'est une impasse pure et simple, docteur, je suis navré.

Elle avait été interloquée. Comment osais-je réduire ainsi à néant ses efforts et annihiler ses intuitions ?

— Dans cette affaire, chacun cherche à déduire ou à interpréter, avais-je expliqué. Et chacun, de ses seules déductions ou interprétations, prononce sa sentence personnelle. Certains annoncent que la résistance du patient à la privation d'alimentation pendant trente et un jours traduit une volonté farouche de survivre. D'autres considèrent que les mouvements brusques de Vincent pendant la toilette ont pour seule signification une opposition aux soins et donc la volonté de mourir... Ce phénomène est encore plus flagrant avec votre théorie : sur le même fondement factuel, c'est-à-dire une possible tentative de Vincent de mettre fin à ses jours, certains vont en déduire une volonté actuelle de mourir tandis que d'autres, comme vous, vont au contraire penser que cela a généré chez lui une pulsion de vie. Tout cela est stérile. Ce n'est pas ainsi que nous réglerons l'affaire Lambert. Nous nous fourvoyons.

— Donc, notre virée vers Châlons, tous nos débats, mes recherches sur l'enfance de Vincent et ses traumatismes, n'ont servi à rien ? Perte de temps ?

Je l'avais regardée en silence, déterminé et serein. J'avais décidé, il n'y avait plus lieu d'argumenter.

— Il faut alors au moins se donner du temps ! Trouver d'autres méthodes... avait-elle relancé.

— Nous nous rejoignons sur ce point, Marie. Oui, il faut se donner du temps et non, il n'y a pas pléthore de méthodes alternatives. Ce qu'il faudrait, c'est pouvoir établir sa volonté *actuelle*, soit en se forgeant une intime conviction au-delà des déductions et des interprétations, soit en trouvant le moyen de communiquer avec lui. Mon projet est simple : je vais réorganiser le service dans lequel est hébergé notre célèbre patient et y consacrer plus de moyens. Nous allons essayer de stimuler Vincent. Pour cela, il est primordial de convaincre votre collègue, qui en a la charge, de différer la collégiale.

J'avais esquissé un sourire bienveillant.

— Faites-moi confiance : ce temps, je vais nous l'accorder, quel qu'en soit le prix, car je veux régler cette affaire.

Le lendemain 14 juillet, j'étais invité à la garden-party du sous-préfet de Reims. Nous avions brièvement discuté, une flûte à la main. Un mauvais champagne, lourd en sucre, aux bulles grossières. J'avais jeté le reste de mon verre dans un bosquet.

— Nous espérons tous qu'il ne s'agit plus maintenant que d'une question de semaines, avait déclaré le sous-préfet. On ne peut pas le dire ainsi, mais tout de même : quand on sait ce qu'un lit d'hôpital coûte par jour...

— Oui, c'est cher, en effet, avais-je répondu.

« À peu près le niveau de charge de votre jardinier et votre chauffeur réunis », avais-je été tenté d'ajouter.

Mercredi 11 septembre 2019

Le 15 juillet 2015, en fin d'après-midi, la nouvelle médecin cheffe de service, qui avait pris le relais du docteur Kariger et se trouvait désormais en prise directe avec l'Affaire, était spontanément venue me trouver pour m'entretenir de la nouvelle réunion. Elle demandait mon aide, pour faire aboutir le processus.

— La procédure est du ressort du médecin, avais-je indiqué froidement. Je n'ai pas le droit d'interférer.

— Je sais, mais je vous avertis que je ne suis pas certaine de pouvoir *aller au bout.*

Son visage était tordu de tension et d'angoisse.

— Expliquez-moi, avais-je rétorqué sans pouvoir masquer ma curiosité. Pourquoi ce revirement ?

— C'est simple. La mère de Vincent Lambert harcèle les équipes et déclare que Rachel n'a aucun droit sur Vincent, pas plus que moi, et que toute nouvelle décision sera illégale. Et elle m'a dit, les yeux dans les yeux, devant témoins : « Si vous n'acceptez pas de transférer Vincent, on viendra, une nuit, et on l'enlèvera ».

Sa démarche était mon aubaine. Elle me donnait tous les arguments dont j'avais besoin pour temporiser. Tandis que je l'écoutais, avec bienveillance, un plan prenait forme dans mon esprit.

« *Aucun droit sur Vincent* »...

Un plan que seule Marie avait compris. Garder Vincent Lambert en vie aussi longtemps que nécessaire pour établir la vérité, et ainsi résoudre l'affaire à la manière des énarques : *pas de vague, mon vieux, pas de vague.*

Jeudi 12 septembre 2019

Séance creuse, ce matin, chez le psy. J'ai parlé de mon quotidien, ici :

— C'est drôle, en prison, la pensée dominante s'inverse. La majorité des détenus estiment que je suis un héros, que j'ai sauvé une vie, celle d'un vulnérable, d'un inférieur. Comme l'avocat d'un condamné à mort qui obtient la grâce. Je vois le bénéfice qu'il est possible d'en tirer. Alors, je laisse dire. Je souris modestement, je ne commente pas. Je détiens un pouvoir, cela me protège. On ne touche pas au Directeur. Même mon titre est plus respectueux que celui du directeur de la prison, qu'ils appellent *dirlo* ou *taulier*.

Montchalon m'a demandé quels rapports j'entretiens avec les autres. J'ai répondu qu'ils se comptent en minutes, et encore, pas tous les jours. Je passe mes journées dans ma cellule, parfois sans sortir. Je me sens bien, seul. Ce journal est ma compagnie. Parfois, je me dis : j'aimerais que quelqu'un m'attende au parloir. J'aimerais que quelqu'un m'apporte des oranges. Mais personne ne vient.

Montchalon m'a demandé si je craignais la solitude.

— Non, pourquoi ?

— Parce que ce serait très naturel de craindre la solitude.

Il a voulu m'entraîner sur le terrain de l'entourage familial.

— Vous m'avez dit que vos parents sont décédés, n'est-ce pas, que vous étiez enfant unique ?

Mon corps a eu comme un tressautement.

— Vous êtes bien enfant unique ?

J'ai hoché la tête. Puis, j'ai dévié sur mon travail d'écriture. Il a loué ma constance et ma ténacité dans cette tâche qu'il a suscitée. Pourtant, à la fin, j'ai bien vu son sourire, son air de dire : quelque chose doit sortir, quelque chose est sur le point de sortir, ce sera pour la prochaine séance, sinon la suivante.

Vendredi 13 septembre 2019

Je suis au troisième et dernier étage, vers l'extrémité de la coursive, ma fenêtre dépasse les hauts murs d'enceinte, je bénéficie d'une vue dégagée sur un lotissement qui s'étire en bande ; en arrière-plan, une colline. L'automne s'est annoncé, les jours rétrécissent. Je passe là des heures, le soir, ou à l'aube, je contemple la texture de la lumière, les intérieurs qui s'allument, les vies qui se déroulent. J'assiste à la vie des autres, dans l'immobilité de mon temps.

Comme Vincent, dans l'immobilité de son propre temps, percevait confusément la ronde des jours et des gens autour de lui.

Rien ne me passe par la tête. Rien ne me passe par la tête. Sauf ce rossignol qui m'embête. Il piaille à mes oreilles.

Samedi 14 septembre 2019

Quelques jours après mon échange avec la cheffe de service, j'étais allé voir mon fidèle Thomas et lui avais dit :

— On ne va pas pouvoir arrêter les traitements. Trop de risque psychosocial dans le service, le standard téléphonique de l'hôpital est surchargé d'appels anonymes, de menaces, il y a un risque d'enlèvement de Vincent. C'est inconcevable d'aller au bout maintenant. Il faut laisser passer un peu de temps et trouver l'apaisement.

— Pardon, mais l'apaisement de quoi ? avait sursauté mon directeur général adjoint. L'apaisement, c'est de faire ce que la justice nous a ordonné de faire. L'apaisement, c'est de mettre en œuvre ce que l'épouse souhaite et que la justice a approuvé.

— Justement. Nous ne savons pas si c'est l'épouse qui parle, seule, au nom du patient. Quels sont ses droits sur lui ? Il faut demander une mise sous tutelle de Vincent Lambert. Cela changerait tout, pour nous, d'avoir un interlocuteur objectif face à nous, un tiers neutre, apte à prendre les décisions pour le compte de Vincent.

Je n'avais jamais vu Thomas dans un pareil état de colère.

— Tu es tombé sur la tête, Jean-Luc ! On ne demande jamais de tutelle pour les patients incapables d'exprimer leur volonté. Soit c'est la personne de confiance, soit c'est la famille, et là on a tout ce qu'il nous faut, validé et sur-validé par la justice, bordel !

— Je pense qu'il nous faut un cadre juridique plus clair et plus stable.

Thomas prenait sur lui pour ne pas exploser.

— Si tu décides d'interrompre le processus, tu te mets en contradiction avec les jugements et c'est alors le neveu et le clan de l'épouse qui attaqueront ta décision. Ça ne tient pas la route.

Il n'avait pas tort sur ce point.

J'avais réfléchi et, le lendemain, je lui avais dit :

— Voilà comment nous allons procéder. J'ai pris ma décision, mais elle ne sera formalisée nulle part. On va simplement rédiger un communiqué de presse pour dire que, dans le contexte, on met tout en suspens. Provisoirement. Et on saisit un juge pour qu'un tuteur soit nommé. Un communiqué de presse, ce n'est pas une décision, il n'y aura rien à attaquer.

C'est ainsi que, le 23 juillet 2015, le CHU de Reims diffusait un communiqué aux termes duquel il était indiqué que « les conditions de sérénité et de sécurité nécessaires à la poursuite de la procédure n'étaient pas réunies ». Il était annoncé également la saisine d'un juge des tutelles pour représenter légalement Vincent Lambert. Bourrasques de réactions dans les médias, entre le grand soulagement des parents et l'incompréhension totale de l'épouse, en pleurs.

Thomas était venu me voir, le lendemain matin, une liasse de journaux sous le bras, qu'il avait lâchée sur mon bureau :

— J'espère que tu sais où tu vas. Pour moi, c'est le gros brouillard.

— Je sais parfaitement où je vais. L'apaisement et le consensus. Du temps au temps.

— C'est toi le boss..., avait-il fait, la voix morne.

— Et je vais avoir besoin de toi. Si Vincent reste encore longtemps chez nous, je souhaite changer son environnement de soins : trouver une remplaçante à la cadre de santé. Il faut exfiltrer cette grande gigue, mettre en place une personne bienveillante, dotée d'une expérience des patients en état végétatif. Trouve-moi ce profil le plus vite possible.

Thomas avait esquissé un garde-à-vous, avec, dans le regard, quelque chose qui signifiait : les ordres sont les ordres, mais je n'en pense pas moins.

À peine avait-il refermé la porte de mon bureau que je recevais un coup de fil du Phasme. Il s'étranglait de colère :

— Qu'est-ce que vous foutez, Bianchi ? Vous avez disjoncté ? De quoi j'ai l'air, moi, vis-à-vis du cabinet de la ministre, de quoi j'ai l'air ? Mettez-vous à ma place, un peu !

— Je vous propose l'inverse, Monsieur le directeur, avais-je répondu froidement : mettez-*vous* à ma place. D'ailleurs, d'une manière générale, mettez-vous un peu plus à la place des chefs d'établissements hospitaliers, ça ne vous fera pas de mal dans votre pratique professionnelle...

— Qu'est-ce que vous chantez ? avait-il crié d'une voix partant dans les aigus. Je ne vous permets pas ! Ne jouez pas au rebelle avec moi ou ça va mal se terminer. Vous allez m'expliquer ce communiqué de presse et ensuite l'ARS en publiera un autre, en lien avec le service presse du ministère, pour rattraper votre boulette.

— Je n'ai rien à expliquer, tout est écrit dans le communiqué. Si vous cherchez des justifications, demandez à la cheffe de service.

— C'est à votre niveau que ça se joue, pas au niveau du service. La décision de Kariger a été validée par les plus hautes instances judiciaires, il faut et il suffit de la mettre en œuvre !

J'entendais son poing taper sur sa table à chaque mot prononcé.

— Je vais vous dire, Bianchi, si l'ARS doit intervenir, elle sera forcée de vous désavouer. Rattrapez-vous au moins en rendant publique la théorie de Marie Salmon, c'est le moment ou jamais, l'argument implacable, les parents Lambert n'auront rien à répondre, et votre cheffe de service non plus, ça l'aidera dans sa décision : le respect de la dernière volonté du patient.

— Ne mélangez pas tout, s'il vous plaît. Cette théorie était une impasse. Nous n'en ferons rien. La bonne méthode, c'est la recherche de l'apaisement, se donner du temps, améliorer l'environnement quotidien de Vincent, poser de nouvelles bases de réflexion.

— Vous perdez complètement pied mon vieux ! Trouvez une solution, n'importe laquelle, un moyen de régler ce merdier ! Sinon ça finira mal pour vous, ça finira mal ! Croyez-moi !

Et il avait raccroché.

Dimanche 15 septembre 2019

Fin juillet, la tension retombée, il y avait eu cette soirée des internes en médecine, à laquelle étaient conviés médecins et cadres de la direction. À la demande de Marie Salmon, j'avais promis d'y faire *acte de présence.*

Musique lancinante, aux sourdes pulsations, comme les battements du cœur. Je n'avais plus vécu cela depuis au moins vingt-cinq ans. Je ne savais que faire de moi-même. Puis, les bulles de champagne étaient montées en moi, portant mon âme comme des ballons d'hélium. La mélodie allait et venait, saturée de rythmes, et je m'étais mis à bouger, à osciller au milieu des autres gens, moi, Jean-Luc Bianchi, sans cravate, bras écartés et tournant sur moi-même, j'avais dansé, dansé !

Quand j'avais rouvert les yeux, Marie était là. Elle dansait comme moi, les paupières mi-closes, ses cheveux détachés, elle était noble et belle, lointaine et immédiate.

J'écris ces mots assis en tailleur sur ma paillasse, ils me viennent naturellement ; je n'ai que le souvenir des bulles, mais il suffit à mon ivresse.

Je me suis longtemps demandé comment j'avais pu la conquérir. J'ai cherché une explication, une logique d'ensemble, j'avais tort. Je l'ai séduite sans la séduire. Dans sa vie, Marie impressionnait, décidait, dominait. Dans toutes les instances et sur tous les sujets, dans nos réunions de directoire, elle ne m'impressionnait pas. Je la regardais avec intérêt professionnel, mais avec une indifférence totale pour sa personne. C'est moi qui dominais, et c'est moi qui tranchais. Cela avait suffi.

Je ne décrirai pas la suite, c'est intime. Marie et moi sommes devenus quelque chose. Amants. Couple ? Toute description est inutile. Ce fut inattendu et intense. Pendant les deux ans de cette histoire commune, tout fut inattendu et intense.

Lundi 16 septembre 2019

Une semaine plus tard environ, avait eu lieu ma deuxième entrevue avec Rachel Lambert, dans mon bureau. Elle avait demandé à me voir. C'est à cet instant qu'avait commencé le travail de manipulation mentale. Je n'en suis pas fier, même si la manœuvre avait remarquablement fonctionné.

Dans la foulée du communiqué de presse, j'avais instauré un système de protection de la chambre de Vincent. Sa porte était désormais fermée à clé, munie d'un hublot et surveillée par caméra. Les visites n'étaient possibles que sur présentation d'une pièce d'identité aux infirmières. La mesure se justifiait, même si elle était exceptionnelle. Cela se pratiquait parfois dans certains hôpitaux qui hébergeaient des VIP, chassés par les fans, les paparazzis ou les opposants.

Rachel avait du mal à soutenir mon regard, mais je sentais qu'elle s'y astreignait, sans doute avec la conscience du devoir, puisant son courage au fond d'elle-même.

Elle venait avec des reproches timides : mon communiqué de presse, ma demande de désignation d'un tuteur. J'avais fait mine de la comprendre. Elle m'avait demandé si le moment n'était pas venu de transférer son mari dans un autre établissement. Cela avait été l'une des grandes questions soulevées par les parents depuis des mois, notamment dans la procédure devant la Cour européenne des droits de l'homme.

— Si mon mari doit encore rester des mois dans cet état parce que tout est suspendu, m'avait-elle dit, je veux qu'il ait, au moins, un semblant de vie normale. Ici, on le maintient dans sa chambre comme dans une prison.

Je m'étais préparé. Sur un ton mi-paternaliste, mi-culpabilisant, je lui avais expliqué :

— Madame Lambert, vous le savez, je fais au mieux

des intérêts de votre mari. Nous avons dû suspendre le processus, car vous connaissez le contexte aussi bien que moi. Maintenant, supposons que l'on transfère votre mari dans un établissement spécialisé, que va-t-il se passer ? Il faudra reprendre le processus à zéro, avec une nouvelle équipe médicale qui verra peut-être les choses complètement différemment. Imaginez : on prétend qu'il n'est pas en fin de vie et qu'il faut réorganiser son quotidien autour de ses supposés besoins. Croyez-moi, c'est exactement ainsi que les choses se dérouleront. C'est un piège tendu par votre belle-mère. Des photos et des vidéos seront prises de Vincent, le montrant à l'extérieur, dans un fauteuil, ou dans le salon des familles. Et ils exploiteront ces images pour affirmer que Vincent reprend goût à la vie. Comment voyez-vous le processus d'arrêt des traitements dans un contexte pareil ?

Mon interlocutrice n'avait su répliquer. Je l'avais amenée vers ma solution.

— Mais ne vous inquiétez pas, Madame Lambert, nous allons bien entendu faire des efforts pour améliorer la prise en charge de votre mari, améliorer le service lui-même. Je m'y engage.

Mardi 17 septembre 2019

J'écris ces quelques lignes au cœur de la nuit, l'extrémité de mes doigts engourdie par le froid. Il est trois heures du matin, je suis sorti d'un mauvais rêve, comme j'en fais souvent. Dans ce cas, je préfère me réveiller complètement plutôt que d'errer dans la torpeur d'un demi-sommeil. Je dors plutôt bien ici, c'est surprenant. Manque de confort, odeurs pestilentielles, cris et gémissements insoutenables, et pourtant, je dors bien – mieux que dans les trois cents mètres carrés de mon appartement de fonction à Reims.

Toujours pas de chauffage, alors que les températures ont chuté depuis quelques jours. J'ai obtenu hier une couverture supplémentaire, brune, immonde, qui sent la poussière et le moisi – comme ces couvertures grises qu'utilisaient les déménageurs successifs pour protéger mon mobilier entassé dans les camions. Je m'en accommoderai, comme du reste, comme de ce froid humide qui semble habiter mon volume de vie au même titre que ce silence épais qui m'entoure.

Pas de cris, cette nuit. Je tends l'oreille, assis en tailleur sur ma couche, mon cahier entre les jambes, ma miséreuse couverture sur les épaules. Je décris l'instant.

Mercredi 18 septembre 2019

De l'été 2015 à l'automne 2016 : longue année de réussite et de puissance. Rien ne pouvait m'atteindre. J'étais un directeur général incontesté, admiré. En novembre 2015, j'avais finalisé le projet du nouvel hôpital civil. Le chantier serait plus cher que prévu, mais j'avais imposé une architecture plus douce, des patios végétalisés, de la lumière, de la vie – l'hôpital dont je rêvais, efficace et fluide, humain, apaisant. Le ministère avait validé, c'était une victoire immense.

Secrètement, je vibrais de chacune de mes rencontres avec Marie. Je n'en avais jamais assez. Seule ma consommation excessive de champagne marquait une ombre au tableau, mais je ne m'en rendais pas encore compte – je maîtrisais, je contrôlais.

Début décembre 2015, Thomas était venu me voir :

— J'ai galéré, mais je t'ai dégoté la cadre de santé parfaite. Une brave maraîchère pour ton unité légumineuse. Profil idéal, elle a commencé comme aide-soignante en unité de soins palliatifs et a gravi tous les échelons. Elle dirige depuis dix ans un service EVC/EPR dans le Nord. Elle a l'expérience et le tempérament. Tu vas voir, pas ton style, mais, crois-moi, c'est elle qu'il te faut.

Il ne s'était pas trompé, sauf sur un point : je m'étais immédiatement et parfaitement entendu avec Myriam Lux.

Je me souviens de notre premier entretien. Elle s'était assise le dos droit, pieds joints, son sac posé sur les genoux, pull en laine synthétique et bout du col de chemisier qui rebique. La seule fois, en trois ans, que je l'avais vue en tenue de ville. À l'hôpital, et même lors de nos entretiens ultérieurs dans mon bureau, pourtant dans un autre bâtiment que Sébastopol, elle était toujours en sabots et en *pyjama* – la tenue jetable, verte ou blanche, des personnels soignants.

Elle m'avait touché par l'authenticité de son discours et son expérience, qui valaient mille fois les idées arrêtées des professeurs, théoriciens, chroniqueurs qui se succédaient depuis deux ans dans la presse et sur les écrans.

— C'est bien la première fois que je me retrouve dans le bureau du directeur, m'avait-elle dit, j'ai l'impression que je vais me prendre des heures de colle ! Vous savez, pour moi, le médical et l'administratif, c'est deux mondes séparés, et je ne suis pas à l'aise avec l'administratif.

Nous avions discuté de sa carrière au CHU d'Amiens-Picardie et échangé quelques anecdotes. J'en avais été le directeur général adjoint entre 2002 et 2007.

— Tout le monde aurait aimé que vous soyez DG à la place du DG, s'était-elle souvenue. On en parlait dans les équipes : « Ah, Monsieur Bianchi, c'est autre chose ! Ce serait bien d'avoir Monsieur Bianchi… », qu'on se disait.

Quand j'ai été contactée pour venir ici, ça m'a touchée que ce soit vous, ça m'a donné envie de venir.

Je lui avais parlé de son futur poste.

— Vous n'ignorez pas qu'il sera très atypique, car vous aurez un patient dont on parle beaucoup. Avez-vous une opinion sur l'affaire Vincent Lambert ? Tout le monde, en France, a une opinion bien tranchée sur cette affaire.

— J'ai bien compris que c'est un poste un peu spécial, avait-elle répondu. Mais le défi ne me fait pas peur, vous savez. Je sais m'occuper des patients, mais je sais aussi gérer les familles. Vincent Lambert ? Non, là, maintenant, je n'ai pas d'opinion. Comment voulez-vous que j'aie une opinion ? Je ne connais pas Monsieur Lambert, je ne l'ai jamais rencontré. Ni sa femme ni ses parents. Il faudrait d'abord que je fasse connaissance avec tout le monde. Et surtout avec lui. Pas lors du nursing ou de la kiné, mais vraiment faire sa connaissance, dans la durée.

Elle ne le savait pas, mais c'était exactement ce que je souhaitais entendre.

— Ce que vous dites là rejoint ma réflexion sur l'avenir du service. Thomas Keller a dû vous l'expliquer, votre mission dépassera le sujet Vincent Lambert. Je souhaite repenser l'organisation de l'unité *soins palliatifs et cérébrolésés* à l'hôpital Sébastopol. Je pense qu'il y a beaucoup à faire, je sens qu'il y a une culture à créer. C'est pour cela que vous intervenez, avec votre expérience.

— Si je puis me permettre, Monsieur le directeur, cela doit commencer par l'intitulé du service : c'est une unité soins palliatifs dans laquelle on a mis quelques lits pour les végétatifs et les paucirelationnels, alors que ce n'est pas du tout la même chose. Il faudra les séparer.

— Je crains que ce ne soit difficile. Vous le savez bien, les médecins du service ne sont pas prêts à ce type d'évolution. Il faudra manœuvrer afin de les contourner.

Je vous donne carte blanche, Myriam. Gardez à l'esprit que ce sont les résultats que vous obtiendrez qui feront évoluer la mentalité des médecins.

— Ce que vous dites me fait plaisir, Monsieur le directeur. Vous avez conscience de ce qu'on apporte dans un service. Il y a une chose que je sais, ou plutôt, que je sens, car ça vient des tripes, c'est qu'on exerce une tâche noble et respectueuse. Pour ces patients, on cherche le soin *juste.* Je croyais que c'était évident, mais tout ce qui se dit dans les médias me donne l'impression d'être une maltraitante. On nous reproche de nous acharner à maintenir en vie des mourants, alors que nous ne faisons que notre travail. C'est très très dur à vivre, on en parle souvent dans les équipes. On accomplit vraiment un beau travail, Monsieur le directeur, croyez-moi.

— Je le sais. C'est la raison pour laquelle nous vous avons recrutée ici : pour améliorer notre service, avec tout votre savoir-faire.

Myriam Lux avait baissé ses yeux. Elle paraissait émue.

— Je suis touchée, Monsieur le directeur. Parce que les administratifs, et même les médecins, ils ne voient pas toujours notre quotidien. Ils se laissent influencer par tout ce qui se dit dans les médias. C'est brutal, sans aucun procès. Avec l'affaire Vincent Lambert, les gens ont découvert les végétatifs, les *pauci,* et ils ont une opinion définitive sur eux. Ils croient que ce qui est bon pour eux, c'est une mort dans la dignité. Ils revendiquent la mort pour tous les pauci ! Vous vous rendez compte, Monsieur le directeur ? Alors qu'il n'y a que des cas particuliers. Il n'y a que des cas particuliers ! Tout ce que je peux dire sur Vincent Lambert, c'est que, lui aussi, c'est un cas particulier, comme tous les autres. Il ne faut pas généraliser.

Myriam s'était tue. Je la regardais en réfléchissant à ce qu'elle venait de dire. Elle me regardait aussi. Elle était allée au bout de son propos et de sa pensée, fière d'avoir porté son message. Elle ne savait pas à quel point ce message était bien passé.

Étais-je dans mon rôle en bavardant de la sorte avec une surveillante ? Non. J'étais sorti du cadre.

Jeudi 19 septembre 2019

Ce matin, séance sans intérêt avec Montchalon. Il se figure que je fais de la résistance, alors que certaines séances sont inutiles, c'est tout.

Ma journée a été rythmée par autre chose : l'éditrice s'est présentée au parloir. Parisienne jusqu'au bout de ses ongles bien manucurés, voix de fumeuse, débit rapide, révélant une concentration élevée de caféine dans le sang. Sympathique en surface, le contact facile. J'ai pensé : elle va chercher à avoir l'ascendant, je dois m'appliquer à redevenir directeur d'hôpital.

Elle n'a pas laissé beaucoup de temps aux présentations d'usage et aux échanges convenus de début de conversation. Elle a attaqué :

— C'est incroyable comme lieu ! Ils n'aèrent jamais ?

— Rarement, ai-je répondu en souriant.

— C'est bien la première fois dans ma longue carrière que je rencontre un auteur en prison.

— Je suis ravi de vous donner l'occasion d'une telle découverte, mais je ne suis pas auteur.

— Ah si ! Vous êtes un auteur, croyez-moi !

— Auteur débutant, auteur atypique, alors.

— Débutant, on ne dirait pas, mais atypique certainement. Détenu atypique aussi, non ? Tout ça, c'est de la très belle histoire, c'est du storytelling en or, vous êtes une rareté.

— En somme, je ferai vendre.

Elle s'interrompt.

— Bon, je suis peut-être allée un peu vite, mais vous comprenez l'idée. Ce contexte particulier attirera inévitablement la curiosité du lecteur. C'est dans votre intérêt. Pour vous réhabiliter. Mais avant tout, il y a votre texte et il est passionnant.

Elle m'a ensuite assailli de qualificatifs, tels que « délicieusement oppressant », poursuivant avec « ouvrage utile, nécessaire », « vous vous battez pour l'honneur, le sien, le vôtre », ou encore « les personnages sont là ».

Cette conversation ne ressemblait à aucune autre dans ma vie.

— Je vais, sans attendre, présenter un pitch et quelques extraits au comité de lecture. Ce sera déjà alléchant. Mais, pour vous proposer un contrat, il nous faudrait encore une cinquantaine de pages. Nous avons besoin de voir où mène ce récit. Il faudrait aussi un titre, même provisoire. Et la citation qui figurera en première page. Cela mettra le comité en condition. Pouvez-vous rédiger tout cela, pour la prochaine fois ?

— Une cinquantaine de pages supplémentaires, c'est possible. Elles sont déjà presque achevées. En revanche, un titre et une citation, je n'y avais même pas songé.

— Fondamental, le titre, même pour un comité de lecture. Cherchez le titre original et votre texte ne sera plus un simple témoignage, un acte de procédure, non, par la magie du titre, il deviendra œuvre ! Et s'il devient œuvre, cela change tout. La perception de vous, de votre passé, de vos actes – ou non-actes. Cherchez quelque chose de fort, d'innovant. Et la citation, très importante, la citation, elle apporte une dimension de réflexion, elle donne l'impression au lecteur qu'il va s'élever intellectuellement, avant même de démarrer sa lecture.

Étranges paroles, étranges perspectives, inédites et abstraites, mais fascinantes. Depuis plus de deux mois, l'écriture m'occupe, elle remplit mon esprit et mes journées, c'est son premier mérite. Désormais, j'aurai l'objectif d'une publication, d'un travail sous contrat !

Garder la tête froide. Difficile, ce soir. La tête me tourne, bouillonne. Gardons-la froide. Je ne suis pas écrivain. J'ai cinquante-neuf ans, une allure de vagabond, barbe broussailleuse, quelques cheveux hirsutes sur le crâne, je suis en détention provisoire, je suis un paria.

Ne rêvons pas. Je vais poursuivre mon récit, jour après jour, comme avant.

Vendredi 20 septembre 2019

L'arrivée de Myriam Lux en tant que cadre de santé de l'unité de soins palliatifs à Sébastopol a changé la vie de beaucoup de monde – y compris, d'une certaine manière, la mienne.

Les moments passés à ses côtés m'ont beaucoup appris sur les notions de vie, de temps restant, et sur le sens à donner à l'agonie et au trépas. Ses méthodes, ses conseils aux infirmières et aux aides-soignantes, ont transformé des actes de soins en actes de vie.

J'avais proposé à Myriam de composer son équipe comme elle l'entendait. Elle avait gardé Maddy et embauché Philippe, agent hospitalier affecté en réanimation. Un grand gaillard, toujours de bonne humeur, repéré pour sa force physique, capable de soulever un patient alité pour le mettre au fauteuil – le *verticaliser*, selon l'expression consacrée.

Elle s'était ensuite enquise du budget alloué pour améliorer le service – locaux et matériels. Thomas avait fait du Thomas : « Madame la cadre de santé, le budget est de zéro ». Elle était alors venue me voir.

Durant cette période, la situation financière de l'hôpital s'améliorait. Je pouvais me targuer d'augmenter chaque année le niveau de marge brute, ce qui signifiait que l'activité hospitalière était en croissance, que les charges de personnel étaient maîtrisées et que le désendettement s'accélérait. Je ne manquais pas une occasion de le répéter, ce qui me valait moult louanges pour mes qualités de gestionnaire. Cela me permettait surtout de faire oublier l'enlisement organisé de l'affaire Vincent Lambert.

J'avais rassuré Myriam :

— Oui, le budget est de zéro, mais les lignes budgétaires, je sais les faire bouger. De quoi auriez-vous besoin ?

— Il faut ouvrir le box des infirmières : agrandir la porte, casser le pan de mur sur le couloir et vitrer l'ensemble. J'ai vu tellement de services où les collègues se cachent derrière les armoires de la salle des infirmières pour ne pas être vus des familles… Il faut faire l'inverse : lumière et disponibilité.

J'avais confié au directeur des services techniques la mission de s'en occuper en urgence. Il était resté perplexe devant la notion d'urgence, mais s'était exécuté. Il avait encore moins compris que je puisse superviser ce microchantier en me déplaçant à Sébastopol. C'était du jamais vu, le directeur général du CHU, le grand patron, le pilote du projet de Nouvel Hôpital civil – budget : plusieurs centaines de millions d'euros – qui venait contrôler comment les techniciens de la maison se débrouillaient avec la découpe d'un placo-plâtre et la pose d'une vitre sur châssis fixe.

Lors d'un de mes passages, j'avais questionné Myriam

sur le fonctionnement de l'unité dont elle avait été cadre pendant dix ans et j'avais compris que tout était à construire à Reims : les mises au fauteuil, la balnéothérapie, la musicothérapie, les salles *snoezelen* – ces lieux de relaxation qui permettent de travailler sur les perceptions sensorielles. Et, surtout, ce fameux « projet de vie ». Expression incongrue pour des patients en état végétatif. Pourtant, Myriam avait affirmé :

— Tout part de là : le projet de vie. D'ailleurs, c'est Bernard Kouchner, que j'ai vu sur une photo dans votre bureau, qui a lancé le concept. Un grand Monsieur. C'est lui qui, le premier, a mis un nom sur ces patients un peu bizarres, ces légumes qui n'intéressaient personne. Sa circulaire en a refait des êtres humains. C'était bien de l'écrire. Car, si ce sont des êtres humains, on ne peut alors pas les traiter comme des choses, comme des corps sans vie qu'il faut juste nettoyer et entretenir. Ce sont des êtres vivants pour lesquels il faut un projet de vie.

J'avais demandé à Thomas de me sortir cette circulaire « *relative à la création d'unités de soins dédiées aux personnes en état végétatif chronique ou en état paucirelationnel* ». Elle est là, sous mes yeux, sortie de ma pochette. Un document d'une qualité rare et bienvenue, où tout est dit avec précision et concision, qui exprime l'urgence de mettre en place des accueils hospitaliers spécifiques, autour d'un projet médical.

La circulaire du 3 mai 2002... Acte politique fort ; étrangement méconnu, pourtant. Dernier acte de Bernard Kouchner qui l'avait signée *in extremis* un vendredi ; deux jours plus tard, c'étaient les élections présidentielles, il n'était plus ministre.

Samedi 21 septembre 2019

Le jour se lève, la nuit s'efface. Lentes, mais perceptibles variations de lumière.

Handicapé des sentiments. Reproche fréquent de Sabine, parmi d'autres. Comme souvent, elle avait raison : j'étais incapable de ressentir, inapte à capter l'instant, un son, une image, un mouvement, et de le transformer en émotion. Ressentir, je ne savais même plus ce que cela signifiait. J'étais sur une plage, j'observais les vagues dérouler et je me disais : « C'est une belle journée de repos, je peux songer plus sereinement à tel ou tel dossier ». Mais la vague en elle-même, le reflet argenté de son écume, cette beauté brute, ne m'évoquaient rien, ne me renvoyaient à rien, ne provoquaient aucune émotion. Marie l'avait formulé différemment, quelques mois avant notre séparation : « Tu es indifférent aux joies simples de l'existence, tu ne fonctionnes qu'aux joies brutales et orgueilleuses ».

Ici, maintenant, j'apprends à ressentir. Sans beauté sous les yeux, mais tout de même, le lever et le coucher du soleil, et c'est immense.

Dimanche 22 septembre 2019

C'est dans cette même période, courant 2016, que j'avais entamé ce patient travail consistant à forger ma propre opinion sur l'état de conscience de Vincent Lambert.

Je m'annonçais de plus en plus régulièrement dans le service pour écouter Myriam, discuter avec Maddy, plaisanter avec Philippe et me familiariser avec cet environnement.

À chaque fois, je passais voir Vincent.

Je connais sa chambre par cœur. Je peux identifier chaque objet qu'elle contient, je sais le nombre exact des photos affichées : cinquante-trois, disséminées partout sur les murs. Des dessins d'enfants aux feutres de couleurs vives côtoyant d'austères lithographies en noir et blanc de la Vierge.

Je m'asseyais une minute ou deux à ses côtés, parfois en silence, parfois en cherchant quelques mots à lui adresser. Je me forçais à détourner le regard de ses poignets recroquevillés, de ses mains difformes.

Je tâchais de rester dans mon rôle. C'était mon illusion, évidemment. Je n'étais plus, depuis longtemps, dans mon rôle.

Je guettais les signaux, forts ou faibles, sans trop savoir comment m'y prendre. Je cherchais son regard – exercice fascinant. Car, ce regard, je l'avais capté.

On dit que les yeux sont le reflet de l'âme, c'est vrai, ils sont donc le reflet de la conscience. Je cherche mes mots, je crois que je pourrais le décrire ainsi : la seconde précise où l'œil devient regard. C'est indéfinissable, car il ne se passe rien. Rien ne bouge. C'est le même œil ouvert, dans ma direction. L'instant d'avant il est trouble ; l'instant d'après il est clair. L'instant d'avant il est ouvert, il voit ; l'instant d'après il regarde, il fixe.

Le moment où l'on se dit : Vincent est là. Il me voit, il me scrute. Donc il y a quelqu'un. *Il y a quelqu'un.*

Lundi 23 septembre 2019

Le chauffage ne sera allumé que le 1er octobre. Il fait froid, de plus en plus froid. En journée c'est encore supportable. Heureusement, j'ai une plaque pour réchauffer ma pitance. Pour le café soluble, je remplis des tasses avec l'eau trouble du robinet, puis j'y plonge l'espèce de résistance électrique en serpentin qui me sert de bouilloire.

Deux pulls et deux paires de chaussettes, les uns sur les autres.

La nuit, même en restant habillé, le froid m'empêche de dormir.

Mardi 24 septembre 2019

Septembre 2016, visite dans l'unité EVC/EPR à Sébastopol pour inaugurer les toutes nouvelles installations de balnéothérapie que j'avais réussi à financer en moins d'un an. J'avais fait organiser cette visite par le service communication en lien avec la cheffe de pôle. C'était un peu formel, j'en convenais, mais cela valorisait l'unité. Thomas n'avait pas aimé, évidemment. Il m'avait dit quelque chose du genre : « Si tu te mets à inaugurer des baignoires, tu n'es pas rendu. Tu vas le mettre où, le ruban rouge ? Entre les robinets ? »

C'est ainsi que nous nous étions retrouvés, une quinzaine d'individus à intitulés variés, chefs de pôle, chefs de service, Marie en tant que présidente de la CME, Thomas, des membres de la commission des usagers, à envahir cette grande pièce dotée de deux baignoires. De grands jacuzzis, plutôt, 1,20 mètre de profondeur, assez larges pour qu'un kinésithérapeute puisse y entrer à côté du patient. Quelques jets, quelques bulles, de quoi stimuler les corps inertes des patients en état végétatif.

« L'eau, c'est fondamental, avait dit Myriam pour présenter l'installation. On pense que les paucirelationnels peuvent y retrouver des sensations. C'est apaisant, ça les allège. On a obtenu de bons résultats à Amiens ». Nous avions assisté, impressionnés, au premier bain d'un patient, sanglé dans un treuil, qui le déplaçait de son brancard à la baignoire.

Sans relâche, Myriam avait fait évoluer son service d'un lieu de soin vers un lieu de vie. Qu'est-ce que la vie, pour des patients en état d'éveil sans réponse ? Des plaisirs simples. L'odeur du café ou du pain grillé, le matin. La sensation du souffle du vent sur le visage, un début de printemps. La délicatesse d'une mélodie. « Attention aux agressions sonores, répétait Myriam, une note de piano plutôt que les bips des nutripompes. » Et des espaces où les familles peuvent s'asseoir, se rencontrer, échanger.

Ce travail ne ressemble à aucun autre. Aller au-delà de ce que l'on voit du patient, inerte, désarticulé, baveux, parfois en râle, avec ces bruits bizarres, terribles, que font les trachéotomisés. Aller au-delà du repoussant, que certains imaginent contagieux, est un effort de tous les jours, même pour les soignants.

Mercredi 25 septembre 2019

Quelques jours plus tard, Marie m'avait proposé de l'accompagner pour un footing, vers la montagne de Reims. Un lieu connu des promeneurs, baptisé *les Faux de Verzy*.

Je revois sa course déliée, ses longs cheveux attachés en queue-de-cheval ballottant comme un métronome. J'avais tenté de suivre mais, très vite, m'étais retrouvé à boiter, à tousser, à cracher, le corps saisi de crampes.

Je n'avais rien remarqué de ces étranges arbres qui nous entouraient et que j'allais retrouver, avec Vincent, deux ans plus tard. À la recherche de mon souffle, étourdi mais tâchant d'écouter ce que disait Marie, je m'étais plutôt concentré sur mes pieds – ne pas tomber, et sur mon allure – rester digne.

— Jean-Luc, ce que tu impulses dans cette unité EVC/EPR est formidable. J'y ai beaucoup réfléchi. Le moment est propice à de nouvelles stimulations, j'en ai parlé avec ma collègue qui dirige ce service. Elle est réticente. Mais je parviendrai à la convaincre. De ton côté, tu as de bons contacts avec l'équipe. Parles-en avec la cadre de santé, cette femme est remarquable, elle comprendra. Elle pourrait verticaliser le patient, utiliser la balnéo, la *snoezelen*, relancer l'orthophonie, les exercices.

Elle avait stoppé net sa foulée.

— Tu te rends compte qu'on va peut-être communiquer avec Vincent ?

Elle rayonnait. À demi suffocant, j'avais demandé pourquoi elle faisait tout ça. Elle n'était pas son médecin ni celui de Rachel.

— Le tableau clinique et psychologique de cet homme me fascine. Il y a un livre à écrire, un jour, à son sujet.

Elle avait précisé que sa conscience n'était que professionnelle.

Jeudi 26 septembre 2019

Discussion d'un certain niveau, ce matin, avec Louis de Montchalon. Sujet du jour : la mort dans la dignité. Je retranscris ses propos :

— Je suis de la vieille école, c'est-à-dire inquiet de l'évolution de notre civilisation face à la mort. Mourir, ce n'est pas seulement la cessation des fonctions biologiques d'un corps, c'est un processus social : un apprentissage, une transmission. C'est apprendre à son entourage à se passer de soi. Ce devrait être la principale responsabilité du mourant. Or, cette responsabilité-là, nos mourants d'aujourd'hui l'esquivent ou la méprisent. Seule compte l'image à laisser de soi, bien propre, bien nette, non dégradée. Ne pas baver, ne pas expectorer, ne pas se rider ou se vider, ne pas être torché. Donc, ne pas mourir. Quelle illusion ! Et quelle erreur. La vraie dignité, c'est celle de l'agonisant, diminué mais apaisé, fier de regarder la mort en face, et capable de délivrer ce message à sa descendance : n'ayez pas peur.

Je crois qu'il m'a testé. Il s'imagine que je partage cette vision des choses. Il m'a servi un discours orienté pour m'amadouer. Mais il ne sait pas tout. Il ne sait pas ce que je sais, ce que j'ai fait pour Vincent, à la fin.

Oui, il a raison sur un point : j'ai nourri cette réflexion pendant deux ans. Je suis allé très loin dans cette direction. À force, l'autoconviction joue son rôle – redoutable.

Aujourd'hui, je suis apaisé.

La dignité, la dignité... Belle notion. Que signifie-t-elle, dans les faits – dans la réalité du mourant ? Ceux qui l'invoquent le plus, mes camarades bien-pensants en première ligne, veulent lui donner une dimension objective, monolithique. Danger ! Elle est subjective, mobile, inconstante. Je l'ai trouvée, cette dignité, chez Vincent diminué, je l'ai trouvée. Malgré l'immobilité, elle était là, vive, quelque part entre l'être et le néant, la dignité d'un être *quand même humain*. Stature de commandeur à la conscience évanouie. Dignité des fonctions organiques reliées par un ultime fil de vie.

Vendredi 27 septembre 2019

Dans quelques jours, je revois l'éditrice.

Je l'imagine déjà survoltée, formulant les questions et les réponses. J'ai senti la commerciale dominatrice, habituée aux regards éblouis de reconnaissance des apprentis écrivaillons lorsqu'elle annonce que leur manuscrit est susceptible d'être publié. Pas de ça avec moi. Je ne donnerai pas prise. Détaché et supérieur.

Je poserai une condition : date de publication lointaine, après mon procès. 2024 au plus tôt. Tant pis. Mon texte pourrait nuire à certaines personnes. Il faut attendre la prescription. Je souhaite aussi que la petite Clémence, si elle parcourt le livre, soit en âge de le comprendre, de me comprendre, de se forger une opinion. Je préfère un témoignage revenant de loin, utile, lorsque l'affaire sera débarrassée de ses tensions et ses fractures. Pour une réflexion plus sereine, plus profonde. Peut-être y aura-t-il alors, dans la société, des débats plus ouverts sur la fin de vie choisie. Alors, ce journal pourra apporter un éclairage.

L'éditrice prendra sans doute ce troisième cahier avec elle. J'espère qu'elle le lira jusqu'à la fin. Je le concède : j'aimerais l'impressionner.

Samedi 28 septembre 2019

Cela fait des semaines que je n'ai plus allumé ma mini-télé. Je n'en ai même pas éprouvé l'envie. Que se passe-t-il en cet automne 2019 à travers le monde ? Je m'en contrefous. Je protège mon habitacle du grand vacarme du monde. Je dois rester focalisé sur mon récit. Trier cette masse informe de données, de souvenirs, d'impressions, d'échanges, dans mes fonctions et autour de l'affaire, mobilise une énergie considérable.

Ce matin, je l'ai rallumée, une petite demi-heure, pour couvrir les sons déchirants qui me tapaient sur les nerfs. Un détenu probablement violent, peut-être sanglé, hurlait dans les coursives : « *Me touche pas ! Lâche-moi ! Personne me touche ! Personne me touche !* », et intercalait des sons étranges, des borborygmes difficiles à retranscrire, entre sanglots, raclements de gorge et ululements.

J'ai mis le son aussi fort que possible, sur une chaîne d'infos, et j'ai été hypnotisé, fasciné par le rien. Un président de la République qui se montre, une assemblée qui vitupère, de l'international qu'on ne comprend pas, du fait divers racoleur.

Quelle perte de temps pour tous ces gens – quelle perte de vie précieuse !

Je sais que moi, au moins, j'avance sur un chemin, étroit, gorgé de vase et boursouflé de racines, mais un chemin tout de même.

Lundi 30 septembre 2019

Je pense à Vincent. Se sentait-il enfermé ? J'ai tenté de compter le nombre total de mes passages en chambre n° 6, mais je n'y parviens pas. Des dizaines, c'est certain. J'ai vu mon patient à tous les moments de la journée. Les yeux qui s'ouvrent et qui se ferment, l'alternance des cycles de veille et de sommeil. J'ai tenté, à chaque fois, de détecter des signes de vie intérieure, une possibilité d'émotions.

Vincent était immobile, aréactif, réduit à ses fonctions vitales, réduit à ses organes. Pouvait-on le pourvoir de caractères, de sentiments ? Était-il possible d'affirmer : « Vincent est quelqu'un de têtu, de courageux » ? Ou encore : « Il est de mauvaise humeur aujourd'hui » ?

J'ai souhaité côtoyer cet homme devenu une icône, j'ai tenté de lui trouver des défauts, un côté capricieux ou taciturne. Pure invention. Je rouvre ma pochette et reproduis une de ces notes qu'il m'arrivait de rédiger face à lui :

« Peut-être est-il en train de mûrir une pensée, une idée, fruit de son expérience des confins, de l'attente, ou de son état quasi immatériel. Une réflexion, peut-être profonde, puissante, pourquoi pas unique, patiemment mûrie pendant des semaines et des mois. Et si cette pensée méritait d'être donnée au monde ? D'être retranscrite et partagée au plus grand nombre, un message pour l'humanité ? N'est-il pas bien placé pour délivrer une parole, courte, mais la plus densément chargée de sens métaphysique, sur notre raison d'être et de rester vivant, coûte que coûte, la vie plutôt que la mort, la vie sur un fil et en douleur plutôt que la mort pleine et paisible ? Qui mieux que lui, en vérité, pour nous dire de vivre ? »

Mardi 1er octobre 2019

L'éditrice a annulé sa visite, je viens de l'apprendre. Motif avancé : empêchement familial.

C'est drôle, je ne l'imagine pas subir un empêchement familial. Elle parle de revenir samedi prochain. Nous verrons.

J'ai appelé mon avocate, pour lui signaler cet « empêchement ». Elle s'est voulue rassurante : il n'y a pas forcément de signification cachée, cela arrive à tout le monde. Je reste confiant.

Julie Simon-dit-Roy en a profité pour m'annoncer que le juge d'instruction a fait perquisitionner les locaux de la direction générale du CHU. Il paraît que Thomas a fait tout ce qu'il pouvait pour ralentir les opérations et pousser le juge à bout. Je l'imagine parfaitement dans ce rôle, il a dû adorer ce moment. Et même s'il est en partie responsable de ma présence ici, je ne peux m'empêcher de penser qu'il a ainsi, un peu, pris ma défense.

Mercredi 2 octobre 2019

La nausée m'a pris subitement. J'ai imaginé que le juge d'instruction convoquait Marie pour l'auditionner. Notre relation décortiquée. Marie confirmant les chefs d'accusation, se dédouanant au passage.

Je dois rester concentré sur mon récit. Alors, je m'y remets. Il me faut raconter une journée importante.

Deux images la résument, qui portent l'une sur la mère, l'autre sur l'épouse. La première, tout en éploration, affairée, démonstrative de ses efforts et ses attentions. La seconde, en retenue, son énergie et ses pensées tournées vers son mari.

20 septembre 2016, Vincent a quarante ans. Il règne ce jour-là, autour de la chambre n° 6, une atmosphère qui ne ressemble à aucune autre. Mélange de bonne humeur plus ou moins sincère, d'envie de fêter cette décennie, et de mélancolie, celle des jours de commémoration.

Pour Myriam, c'est évident, il faut organiser une belle fête, ballons d'hélium accrochés au garde-corps du lit, banderole « joyeux anniversaire », flûtes de champagne, cadeaux. Maddy veut absolument vêtir Vincent d'une jolie tenue, chemise blanche, veste, pourquoi pas une cravate. J'émets des réserves : Myriam doit poser la question à la mère et à l'épouse – et trouver un compromis. De fait, la mère veut en rajouter, l'épouse préfère minimiser.

Le dilemme fondamental de l'Affaire Vincent Lambert se résume dans la décoration de la chambre n° 6 et dans la manière dont l'anniversaire de Vincent doit être fêté et chanté.

Je m'arrête là, plus envie d'écrire.

Jeudi 3 octobre 2019

Cette nuit, je me suis réveillé à deux heures du matin, en sursaut, grelottant d'angoisse.

Rien ne me passe par la tête. Le chauffage est en marche, le froid s'en est allé, les sueurs froides l'ont remplacé.

Le fait de l'écrire dans ce cahier me calme un peu. Je sais pourquoi l'anxiété est revenue.

L'interrogatoire. Pendant quelques semaines, je l'avais occulté, focalisé sur mon récit. J'avais réussi à le maintenir loin de moi, mais il m'a frappé de plein fouet. J'ai affronté des gens retors dans ma vie, des administratifs vicieux, mais jamais de juge d'instruction. Pour quelque chose qui touche à mon honneur, à l'honneur de mon nom.

L'angoisse est, au fond, une source d'énergie. Elle naît, paraît-il, du manque de sommeil. Cercle infernal d'une tension extrême qui empêche le sommeil d'approcher. C'est l'énergie de deux aimants de même polarité, qui ne peuvent jamais se toucher. Je la perçois ici, cette énergie négative intérieure, sur cette couche, je la ressens qui électrise des nuits sans sommeil, et sans accomplissement.

Samedi 5 octobre 2019

Je reprends une note écrite courant 2017 dans la chambre de Vincent, avant ou après un exercice d'orthophonie, je ne sais plus.

« Question béante : et si Vincent avait changé d'avis ? Voici Vincent bien portant, jeune, fragile peut-être, mais fort de sa vie devant lui, de ses convictions. Il dit et répète que jamais il ne voudrait vivre comme un légume. Sa directive est claire, publique, réitérée, non équivoque.

Voilà Vincent accidenté, cérébrolésé, en état végétatif, incontinent, triste à voir. Faut-il calquer la directive du

Vincent bien portant sur ce Vincent diminué, mais toujours vivant – une seule et même personne ? Ne doit-on pas laisser à ce Vincent-là, peut-être diminué, mais adulte, doué de raison, son autodétermination, son libre arbitre de personne humaine ? Et si le Vincent d'aujourd'hui avait suffisamment de pensées et de conscience pour actualiser son opinion, et que cette opinion actualisée était de rester en vie à tout prix ? Profonde et formidable énigme.

Réfléchissez, imaginez, ressentez le fait suivant : dans les épaisseurs boursouflées du cerveau de Vincent Lambert inerte, masse grise à l'arrêt, au cœur de ce volume sans fonction, quelques lueurs persistent, des connexions lumineuses se maintiennent, les flammèches d'une fin de bougie. Vincent ressent à peine les douleurs de son corps, à peine ses souvenirs de vie. Pourtant, des ténèbres de sa pensée et de la confusion de ses sens, une idée très nette se détache, une seule, une conviction innommée : l'envie profonde, inaltérable, comme une vibration, de continuer, de garder ces flammèches, de maintenir ces lueurs, de rester. Peut-être même, et pourquoi pas, un espoir : renforcer les connexions lumineuses, raviver les flammèches, les faire grandir, revenir davantage dans la communauté des vivants. Et si cette donnée, cette information, cette envie existe au sein de Monsieur Vincent Lambert, et même si elle ne nous parvient pas, est-il concevable, acceptable, ou même légal, de l'ignorer ? »

Mardi 8 octobre 2019

Je veux, malgré l'angoisse, écrire un dernier texte pour ce cahier. Me forcer, me concentrer.

À partir de la fin de l'année 2016, j'avais assisté, puis participé, aux exercices que les médecins avaient décidé de pratiquer avec Vincent, conformément aux initiatives informelles, pour ne pas dire occultes, de Marie.

L'équipe soignante s'en était d'abord étonnée, mais je faisais tellement pour le service que personne n'avait osé protester. Myriam elle-même était allée dans mon sens. Elle répétait : « Monsieur Bianchi doit résoudre l'affaire Vincent Lambert, il doit se faire sa propre opinion, et, pour cela, il doit passer du temps avec le patient. C'est inhabituel, mais ce serait formidable si tous les directeurs d'hôpitaux étaient comme lui. »

Comment résumer ces dizaines et dizaines d'heures passées dans la chambre n° 6 et dans le service, pour établir avec Vincent un début de communication ? Quelle infinie patience avais-je dû mobiliser en moi-même, pour assister, parfois des heures durant, aux exercices d'orthophonie, de kinésithérapie, pour faire réagir ce corps aréactif ?

Oserais-je dire que j'ai moi-même tenu sa tête, massé ses mains, ses paupières, pour susciter un geste autre que réflexe ? Oui, j'ose l'écrire ici puisqu'au moment où quelqu'un lira ces lignes, ces faits auront été jugés, ou seront prescrits.

Et de toute façon, *il le fallait.* J'étais prêt à tout. Je me croyais infaillible, Sabine me le dirait quelques mois plus tard.

J'avais fondé mes plus grands espoirs sur la musique. M'était revenu en mémoire mon échange avec Viviane Lambert et cette clé USB que j'avais retrouvée au fond d'un tiroir. La *Romance de Nadir* de Bizet.

J'avais confié la clé USB à Maddy. Je lui en avais précisé l'origine : objet transmis par la mère de Vincent, objet émanant de Vincent lui-même, une quasi-relique. L'ultime possibilité d'une communication.

À chaque fois que Myriam, Maddy ou moi avions diffusé cette musique, à l'aide d'un ordinateur portable posé sur la tablette à roulettes, Vincent avait tourné la tête vers l'écran. Ses yeux s'étaient plissés, son regard s'était formé : il était concentré, il était là. Pour autant, aucune communication.

Nous nous étions bien documentés et avions identifié des exercices mobilisant le clignement des yeux. Cela n'avait pas fonctionné. Nous avions alors tenté un autre exercice, utilisé en 2011 au Coma Science group de Liège : il s'agissait, pour Vincent, d'arrêter ou de démarrer une musique à l'aide de sa seule respiration. Nous avions cru à un résultat et observé les récurrences avec anxiété. Mais dès lors que nous avions tenté de lui poser des questions et attendu une réponse par oui ou par non, aucune cohérence n'avait émergé.

Je rassemble ici, en quelques lignes, plus de quatre cents jours de tâtonnements.

J'ai mobilisé toute mon énergie pour ce texte. Pour expédier cet échec.

Mercredi 9 octobre 2019

Je revois l'éditrice samedi après-midi, rendez-vous au parloir à 15 heures. J'ai un mauvais pressentiment. Je lui donnerai ce troisième cahier. Je crois que j'ai bien avancé, même si je stagne, maintenant, avec ces pages pauvres et courtes que je peine à remplir.

J'espère, j'espère qu'elle sera aussi enthousiasmée qu'avec les deux premiers. Elle y verra ma plus belle période. À partir du début de l'année 2017, la chute débutera lentement et fera très mal, elle durera plus de deux ans.

Vendredi 11 octobre 2019

Le jour de ma confrontation avec le juge approche. Je perds mon inspiration, ma pensée est stérile, je ne sais que raconter ni comment. Le Xanax que Montchalon m'a administré hier me fait du bien, mais je dois me concentrer, chasser le juge, chasser les rossignols, les morgues, les psys.

Puisque j'ai commencé à relater certains des agissements qui me sont reprochés, autant écrire clairement les choses. Rien de plus limpide que l'exposé, dans ma convocation chez le juge, des faits et qualifications pénales ayant fondé ma mise en examen :

- pour avoir à Reims, du 23 juillet 2015 au 30 mars 2019, sans ordre des autorités constituées, séquestré Monsieur Vincent Lambert, ladite personne n'ayant pas été libérée volontairement avant le septième jour accompli depuis son appréhension, faits prévus et réprimés par l'article 224-1 du Code pénal ;

- pour avoir à Reims, du 23 juillet 2015 au 30 mars 2019, exercé illégalement la profession de médecin, faits prévus et réprimés par les articles L4161-1 et L4161-5 du Code de la santé publique ;

- pour avoir à Reims du 23 juillet 2015 au 30 mars 2019, volontairement administré sur la personne de Monsieur Vincent Lambert des substances nuisibles ayant porté atteinte à son intégrité physique, avec cette circonstance aggravante que les faits ont été commis sur une personne qu'il savait particulièrement vulnérable, faits prévus et réprimés par l'article 222-15 du Code pénal.

Quatrième cahier

Jeudi 17 octobre 2019

MUTILATION !

C'est un rite, ici. L'expérience ultime. Je dirai à Montchalon que je l'ai écouté.

L'angoisse et la colère étaient si fortes, en sortant du bureau du juge d'instruction, que je suis tombé dans l'escalier. Mes jambes ne me portaient plus. Une fois rentré à la prison, j'ai demandé un service à José : un petit couteau. Je l'ai obtenu dès le lendemain. Et je l'ai utilisé... Quelques stries dans le gras du ventre. Sensation d'abord de froid intense, puis de brûlure, et le sang, qui coule abondamment. Je me suis évanoui, je ne sais combien de temps, et me suis réveillé sur un brancard. Ça ballottait, j'étais porté, transporté, roulé, bercé. L'angoisse avait disparu.

Durant ces horribles journées, la peur m'a repris. Peur de quoi ? Je suis tombé au plus bas de mon existence. En prison. Au plus bas. Ma vie est détruite, ma réputation, anéantie. Pourtant, je redoute d'aller voir le juge. Mais que peut-il m'arriver de pire ? Peur enfantine du gendarme ? Envie de convaincre et terreur d'échouer ? Crainte que justice ne soit pas rendue ? Eh bien, j'ai eu raison d'avoir peur et tant pis : mutilation !

Je ne décrirai pas cette séance dans le bureau du juge. Il instruit uniquement à charge, mon avocate avait raison, chacun de mes propos passés est sorti de son contexte, décortiqué et réinterprété, chaque acte douteux est amplifié, c'est affreux. Finalement, voilà ma réponse : une atteinte portée à ce qu'il me reste, mon corps, ma dernière liberté.

Hôpital, points, antidouleur, somnifère. Je suis bien dans

cette chambre d'hôpital, elle sent bon. L'odeur rassurante du foyer. Je suis chez moi.

Lundi 21 octobre 2019

Je suis rentré dans ma cellule avant-hier.

Ils ont tout emporté. Tout ce qui m'offrait un semblant de confort dans cet univers gris, sale, vide et clos, a disparu. J'ai bien compris l'idée. Je ne l'avais pas anticipé, tant pis pour moi : j'ai été identifié « à risque suicidaire ». Dans mon habitacle, plus rien qui soit susceptible de brûler, d'intoxiquer, d'être avalé, de tailler une veine ou crever un œil. Disparue, ma petite télé – bon débarras ! Disparue, ma plaque électrique pour réchauffer les tambouilles tiédasses. Envolés, couteau, fourchette et l'espèce d'étrange résistance électrique que je plaçais dans ma vieille tasse.

Mais, surtout, disparu, mon stylo. Mon nouveau cahier est là, sur ma table, il ne me reste plus qu'à le contempler, le feuilleter, sans aucun stylo pour avancer. J'ai fouillé partout, enragé, mais c'est inutile.

Cela m'a mis hors de moi. De mon poing, j'ai frappé la porte métallique, j'ai frappé, encore et encore, j'ai fait finalement ce dont je ne me sentais pas capable, trop de contrôle, trop de maîtrise de moi, non je ne serai jamais comme ces détenus qui disjonctent, qui hurlent, qui gémissent et qui cognent. Eh bien, j'ai cogné, j'ai gémi, j'ai hurlé. Je n'avais plus mon stylo.

Deux surveillants m'ont ouvert, m'ont sorti pour l'infirmerie, mes phalanges en sang. Bandage, cour de promenade. Il faisait froid, il pleuvait, je portais un vieux tee-shirt. J'étais transi, mais ça m'a calmé. José Luciani était là, comme d'habitude. Je lui ai tout raconté. Il m'a regardé de l'air du professionnel écoutant l'amateur. Il m'a juste dit :

— Le stylo reviendra. Entraîne-toi mentalement en attendant. Répète tes phrases, travaille-les par cœur, tout sera dans ta tête et tu n'auras plus qu'à les cracher ensuite. Le stylo reviendra.

Il a posé la main sur mon épaule et m'a regardé fixement :

— Surtout, dès que le gradé vient te voir, montre-lui que tu es calmé, regarde-le dans les yeux, tranquille, dis-lui que c'est bon, c'est passé, que tu as compris, patte blanche, tranquille. Sinon tu vas droit au mitard, pour au moins trois jours et ça, je ne te le souhaite pas.

J'ai fait ce qu'il m'a dit et j'ai évité le mitard.

Ce matin, en rentrant de promenade, un stylo était posé sur mon cahier.

Mardi 22 octobre 2019

Trop de choses me passent par la tête. Mon interrogatoire, l'hôpital, la douleur, le bruit, encore l'audition, la tête du juge, mon avocate concentrée, précise dans ses interventions, le regard de la greffière, empathique.

Et puis l'éditrice, embarrassée, qui me fait part des réserves de son comité de lecture. Et qui n'emporte mon troisième cahier qu'à ma demande, comme pour rendre service.

Tout est confus et je n'ai plus rien à dire. Mais je dois continuer, je dois continuer. Je suis dorénavant mon seul lecteur, qu'importe, je ne peux pas arrêter maintenant. Si j'arrête, je sombre. Je dois m'accrocher au fil et poursuivre. Lutter contre la tentation du rien, du faux repos, du néant.

Jeudi 24 octobre 2019

J'ai retrouvé le docteur Louis de Montchalon ce matin et ça m'a fait du bien. Pour la première fois, nous avons parlé de ma mise en examen, de mes chefs d'accusation. Je dois les assumer, les affronter, m'a-t-il dit, c'est ainsi que je pourrai reprendre mon récit.

Lors de mon interrogatoire, le juge d'instruction a tenté des questions étranges : m'étais-je laissé entraîner, étais-je sous influence ? J'ai balayé. Un directeur général de centre hospitalo-universitaire n'est pas influençable.

Et pourtant. Au moment de la directive verbale du directeur de l'ARS, j'aurais dû dire non, mais j'avais dit oui. Quant à Marie, je ne saurais parler d'influence. J'étais sous hypnose.

En définitive, je m'étais peu à peu érigé moi-même en père, en mari, en médecin, en législateur. Ce sentiment de toute-puissance, d'infaillibilité que j'avais laissé naître et croître au fil des ans m'avait fait perdre toute clairvoyance et j'étais tombé dans la fatuité, qui m'avait mené vers la faute.

Vendredi 25 octobre 2019

Pour autant, avais-je commis des actes pénalement répréhensibles ?

La séquestration… je la nie !

J'avais traité cette plainte de Viviane Lambert contre moi comme quantité négligeable. L'outrance, toujours : une nouvelle plainte après la précédente, pour assassinat, et avant la suivante, qui ne saurait tarder.

Les parents semblaient pourtant avoir compris que ces agissements visaient à prolonger la vie de Vincent…

Oui, j'ai maintenu Vincent dans sa chambre pendant des années, contre sa volonté. Bien sûr, je l'ai fait par ruse. J'ai conçu et organisé une série de stratagèmes pour éviter son transfert, pour l'empêcher même de sortir de sa chambre. J'ai accumulé les initiatives pour suspendre le processus d'arrêt des traitements, pour faire désigner une tutrice, j'ai demandé et obtenu des reports dans chaque procédure pour entraver l'exécution des décisions de justice, et j'en passe... Tout cela était guidé par ma volonté de garder le patient auprès de moi, pour être certain de pouvoir résoudre moi-même l'affaire.

Ces éléments mis bout à bout peuvent « donner une impression ». Combien de collègues directeurs d'hôpitaux psychiatriques ont-ils déjà fait l'objet de plaintes pour séquestration ? C'est différent : il s'agit d'hospitalisations d'office, sans consentement.

Avec le recul, il est évident que la machine judiciaire s'est emballée... Sur ce point, en tout cas.

L'administration de substances nuisibles : je la conteste ! J'en parlerai plus loin. Chacun se forgera son opinion.

L'exercice illégal de la médecine : je le réfute !

Julie Simon-dit-Roy a été affirmative : les exercices d'orthophonie, les stimulations physiques de Vincent faisaient de moi, tout au plus, un soignant. Ce n'était pas des actes médicaux. En revanche, l'examen à l'initiative d'un chercheur en neurosciences, auquel j'ai soumis Vincent plus tard, sans la supervision d'un médecin...

Mon avocate a dit : ce sont les points noirs du dossier. Il faut trouver un axe de défense. Elle travaille sur l'absence de caractère intentionnel. C'est vrai : je n'avais aucune intention de nuire.

Pour ma part, je reste convaincu d'avoir subi une mécanique implacable. Face à la pression médiatique, le parquet a décidé d'ouvrir une information judiciaire.

L'administration a abondé, s'est portée partie civile. C'est ainsi que les magistrats successifs, sans questionner l'origine du dossier ni sa solidité, ont reproduit, les uns après les autres, les mêmes arguments. Cela a abouti à ma mise en examen avec contrôle judiciaire. Que je n'ai pas respecté. J'ai violé l'interdiction, bien sûr, car il le fallait. *Il le fallait.*

Et me voilà ici, maintenant, directeur d'hôpital en prison. Pour combien de temps encore ?

Samedi 26 octobre 2019

Le gradé de permanence sort de ma cellule.

Il m'a dit que je figurais sur une liste pour un travail à l'extérieur de la maison d'arrêt jeudi prochain. Opération de nettoyage. En ai-je envie ? Bien sûr ! Je n'ai pas demandé de quoi il s'agissait, mais peu importe. Je vais sortir ! Sortir de là, du bruit, des odeurs, juste une journée, quelle qu'elle soit.

Dimanche 27 octobre 2019

De fin 2016 à début 2019, l'emballement médiatique s'était estompé et le quotidien avait repris ses droits.

En moins de trois mois, les choses avaient commencé à basculer. Étrangement, lors des absences de Marie. En novembre 2016, elle avait multiplié les déplacements : congrès de l'association mondiale de psychiatrie, en Afrique du Sud, puis congrès français de psychiatrie.

C'est à ce moment qu'était sorti le rapport de certification de la Haute Autorité de Santé qui classait mon hôpital en C, c'est-à-dire une note exigeant des « obligations d'amélioration ». Un camouflet. Thomas m'avait sermonné : « Il fallait être davantage derrière les inspecteurs, tu es trop préoccupé par ton affaire Lambert. Laisse-moi reprendre le dossier, je vais m'en occuper moi-même ».

Autour de Noël, j'avais décelé, chez ma femme, les premiers signes de méfiance.

En février 2017, un nouveau médecin était arrivé à la tête de l'unité soins palliatifs de Sébastopol, ouvertement favorable à l'arrêt des traitements de Vincent.

Dans la même période, mon père chutait à l'extérieur de l'EHPAD, se cassait le col du fémur, et ma mère se faisait diagnostiquer un Alzheimer qui semblait progresser beaucoup trop rapidement.

Tout se mélangeait.

Pendant ce temps, la saga judiciaire se poursuivait, imperturbablement, sans que l'enchaînement, l'intérêt ou l'inutilité de ces décisions de justice successives aient eu de véritable logique.

Un jugement avait finalement nommé Rachel tutrice de son mari, confirmé par la Cour d'appel de Reims et par la Cour de cassation – puisque, évidemment, les parents faisaient appel et cassation de tout ce qui bougeait.

En parallèle, d'autres procédures avaient été engagées par le neveu.

Thomas avait vu juste. J'avais sous-estimé François Lambert, adversaire impressionnant de ténacité et d'inventivité juridique. Il avait attaqué mon communiqué de presse du 23 juillet 2015 et obtenu qu'il soit enjoint au CHU de mettre le médecin en charge de Vincent Lambert en mesure de mener la procédure collégiale à son terme. J'avais annoncé que je respecterais cette injonction, puis je n'avais pas bougé. J'avais essayé de faire traîner au maximum, mais je commençais, début 2017, à vaciller sur cette position.

Lundi 28 octobre 2019

Je réfléchis, assis sur ma paillasse, à tout ce que j'aurais d'utile à relater ici, au cours de cette période, sur l'unité EVC/EPR, unité des cérébrolésés, repensée par Myriam. Je pourrais remplir des cahiers entiers sur ce que j'ai vu, sur cette incroyable intensité d'humanité.

Pourtant, sous l'autorité de mon bon Kariger, les patients étaient bien traités. Un jour, alors que nous étions assis côte à côte avec les patients, face à Philippe qui jouait de la guitare, Maddy m'avait dit :

— Vous savez, Monsieur le directeur, je suis très contente, c'est formidable ce qu'on fait, mais avant, c'était déjà pas mal. J'étais dans un autre hôpital il y a quelques années, où personne ne voulait travailler au sein du service EVC/EPR. La direction y mettait les pires agents, ceux qui avaient été sanctionnés. Les portes étaient fermées, les chambres impersonnelles, les patients jamais verticalisés, tordus dans leur lit, mal installés. Le personnel ne tenait jamais compte de l'avis des familles. Avec le docteur Kariger, ce n'était pas comme ça. Tout le personnel devait s'adresser avec politesse aux malades, leur expliquer ce qui allait être fait, la toilette, le change. Tout était propre, bien géré.

J'ai aimé voir Myriam et Maddy travailler ensemble, la cadre de santé et l'aide-soignante, même style, même humanité, et une ressemblance physique comme mère et fille. Myriam était sensible au dévouement de Maddy pour Vincent ; Maddy était réceptive à la hauteur de vue de Myriam.

À l'été 2017, je leur avais parlé sous le sceau de la confidentialité : Vincent ne sort jamais, il fait très chaud dans sa chambre. Sortir un malade fait partie des actes de soin et du projet de vie ; nul besoin d'autorisation de la personne de confiance. Pourquoi ne pas sortir Vincent, juste aux abords du bâtiment ? Il y a un bel arbre et un parterre de gazon, nous pourrions nous mettre là, avec lui, et passer un moment simple au pied d'un arbre.

Nous l'avions fait.

Une nuit d'été, alors que le service dormait, Myriam et Maddy avaient organisé une permanence commune. Philippe était là, qui faisait office de soulève-malade. Il avait pris Vincent dans ses bras en mesurant chaque mouvement et l'avait positionné avec une précaution infinie dans un fauteuil pour tétraplégique, équipé de sangles et du repose-tête adéquat. Il devait être minuit, la chaleur du jour se dissipait lentement. Nous étions descendus tous les cinq.

Assis en tailleur, formant un cercle, nous avions discuté de nos quotidiens, de la vie à l'hôpital, de la vie tout court. Vincent faisait partie du cercle et participait à notre discussion. Nous avions humé l'air de la nuit et regardé les étoiles.

Mardi 29 octobre 2019

Je suis concentré sur mon écriture, sur ce cahier dont je tourne, jour après jour, les pages noircies. Chaque soir, j'en éprouve une satisfaction ; et chaque matin, c'est une souffrance. Celle de mettre un mot après l'autre.

Les bruits. Toux, cris, grognements. Xylophone sur les garde-corps. On frappe à ma porte. Puis, à celle d'à côté. À chaque fois, un sursaut, un bouillonnement, une frustration de perdre mon fil. Je m'accroche en songeant à la satisfaction de la fin de journée.

Mercredi 30 octobre 2019

Il me faut relater une conversation essentielle à la compréhension de l'affaire.

Un échange avec Marie, lors d'une belle journée de printemps, où nous parcourions les routes de Champagne.

Toutes les tentatives pour établir la communication avec Vincent avaient échoué. Un an et demi de travail pour rien. Pour demeurer un « patient non-répondant ». Restait-il quelque chose à faire ? Le temps pressait. Il fallait trouver quelque chose. *Il le fallait.*

Marie avait pris l'habitude de m'emmener sur ses chemins préférés, ceux de la course à pied. À mon tour de la guider sur mes propres voies, routes sinueuses reliant les villages de la montagne de Reims ou de la Côte des Blancs, à la recherche des vignerons les plus talentueux.

Ce jour-là, nous étions passé par Ambonnay, le Mesnil-sur-Oger, Avize, petits bourgs de labeur sans ostentation, dans des salles de dégustation dépourvues de toute décoration, au carrelage gris, où nous avions rencontré des orfèvres, des passionnés – et goûté aux plus beaux élixirs.

Je devais aller plus loin. Faire parler Vincent, obtenir de lui qu'il exprime sa volonté était devenu mon obsession. Le seul moyen de résoudre l'affaire.

Marie ne me contredisait pas ; mieux : elle allait dans mon sens.

– Connaître la vérité, c'est rechercher sa volonté d'aujourd'hui. Il faut insister, intensifier ! Il faut qu'il ressente davantage !

À la sortie d'une cave, elle avait dit, en souriant :

— Vincent aurait apprécié ! Grand fumeur, grand buveur... Alors, pourquoi pas ? Pourquoi pas un peu de nicotine, un peu d'alcool ?

À la fin de la journée, elle avait lâché :

— Le moyen le plus fiable, c'est la stimulation chimique. Les somnifères produisent un effet inverse sur les patients en état végétatif.

Elle n'avait rien ajouté.

Elle m'avait laissé seul face à mon choix.

Jeudi 31 octobre 2019

Montchalon est en congé. À la place, une permission de sortie : je suis allé nettoyer des tombes. C'est une autre thérapie. Étrange journée, dont je ne saurais dire si elle a été agréable ou désagréable. Belle matinée d'automne, froide et sèche, un ciel bleu pâle. Les surveillants nous rassemblent. Nous sommes une dizaine. Le gros Chico est là. Les menottes dans le minibus. Le poids des menottes... Nous attendons le départ. Nous parlons maintenant comme des camarades. Je lui demande pourquoi José n'est pas venu.

— Jugé trop dangereux. Mais ça discute.

Les phrases élaborées sont rares chez Chico. De fait, quelques instants plus tard, escorté de deux surveillants supplémentaires, Luciani rejoint le bus.

Je demande à Chico :

— Tu sais où on va ?

— Ben oui, pas toi ?

— Non, je n'ai pas demandé.

— Nettoyer des tombes, c'est la tradition ici.

— Nettoyer des tombes ? Une tradition ?

— C'est la Toussaint demain.

Je déteste les cimetières. Certains aiment s'y promener, au calme. Un sous-sol en gruyère, rempli de corps en décomposition et de squelettes, je ne vois pas ce qu'il y a de paisible. Mais je ne vais pas faire le difficile : je sors, je prends l'air, j'observe autre chose que les murs de la cour de promenade, et ce monde bétonné et puant qui ne bouge jamais.

Je vois défiler des rues, des voitures, des immeubles, des passants, des bus. La vie. Chaque seconde est fascinante. L'air pur, sans les odeurs de détention. La lumière sèche d'une froide matinée d'automne, sans murs ni barreaux devant les yeux.

Nous arrivons au cimetière de l'Est, vaste et simple, presque militaire. Trois allées rectilignes et infinies de tombes, rangées les unes à côté des autres, optimisées, que nous frottons au balai-brosse et lessivons à l'éponge.

À un moment, Luciani et moi nous retrouvons sur deux tombes voisines. Les surveillants bavardent, un peu plus loin. Il m'aborde. Aucun mot sur sa mère. Il me questionne sur l'instruction dont je fais l'objet. Je lui relate l'état de l'enquête.

— Donc, ton juge a déjà auditionné tous les témoins, perquisitionné les locaux, et t'a interrogé ? fait-il en réfléchissant. Il lui reste quoi à lancer ?

— Je n'en sais rien.

— Écoute-moi bien, Directeur, à mon avis, tu pourras bientôt sortir. Il faut que ton avocate fasse une demande de mise en liberté, mais pas tout de suite. Il faut sélectionner son juge. Dans trois semaines, la juge des libertés et de la détention part en congé maternité. Celui qui la remplace sera parfait pour toi : on l'appelle *Libérator*. Ce sera ton moment. Vois ça avec ta poulette, là, Simon-dit-Roy.

Dis-lui : fin du mois, pas avant.

Comment connaissait-il le nom de mon avocate ? Mystère. Il savait tout de cette maison d'arrêt, cet homme-là ; il était chez lui.

Il s'est éloigné et j'ai continué à frotter les marbres dépolis, sales, mousseux, en réfléchissant. Sur une tombe qui n'avait sans doute pas été visitée depuis des années, j'ai trouvé des petits cailloux, des morceaux de gravier qui dessinaient une forme de cœur. Chaque caillou avait déteint sur le marbre, mais aucun n'avait bougé. Ni le vent ni la pluie ne les avaient déplacés. J'ai donné un coup de balai-brosse. C'était ma mission. Pour qu'elles soient propres, ces tombes qui ne seraient pas visitées. Afin qu'elles soient belles pour les autres.

Il y a tout juste un an, 1er novembre 2018, journée d'automne tout aussi belle et pure, nous étions sortis loin, Vincent, Maddy, Myriam, Philippe et moi, vers la montagne de Reims, les arbres tortueux de Verzy et l'observatoire du mont Sinaï. Dernière belle journée.

Vendredi 1er novembre 2019

En février 2017, arrivée de Jérôme Garnier à la tête de l'unité. Nouveau médecin, nouvelle approche. Je n'avais pas pu éviter cette nomination. Marie avait quitté la commission médicale d'établissement, je n'avais plus de levier. Je ne pouvais pas intervenir directement pour écarter cette candidature – ou toute autre, et lui substituer celle d'un médecin favorable au maintien en vie. Cela aurait été trop voyant.

Mon premier entretien avec le docteur Garnier avait été bref et glacial. À bien des égards, il me faisait penser à Thomas Keller, sûr de lui, souvent péremptoire, rapide dans sa pensée comme dans sa répartie. Sans doute a-t-il été un adversaire, mais je salue aujourd'hui ses qualités : sa pugnacité, sa compréhension de l'affaire, et, plus fondamentalement, son remarquable instinct, qui a permis de dépasser les palabres et de saisir les vrais enjeux de l'affaire. Il m'avait alors défié :

— Je vois clair dans votre jeu, Monsieur le directeur. La stratégie du pourrissement... Vous attendez l'épuisement des parties. Vous avez pris le parti de maintenir Vincent Lambert en vie le plus longtemps possible, je ne sais pour quelle raison. Mais je vous avertis : vous n'avez pas à interférer. La décision me reviendra, au terme d'une procédure que je vais mener, à ma manière. La situation actuelle est intenable, l'obstination déraisonnable est évidente et n'a que trop duré. Vous êtes vous-même dans une obstination déraisonnable. Je ne vais pas relancer une collégiale tout de suite, mais je prévois de le faire avant la fin de cette année.

Je n'aime plus cette cellule, ma cage. Lassitude immense. Hier, j'étais léger, j'ai respiré, j'ai profité de chaque minute – la sensation de la brise, la rosée sur les marbres, les senteurs humides de l'automne. J'aime désormais les cimetières.

Samedi 2 novembre 2019

Longtemps, je repenserai à mes derniers moments avec Sabine. Nous avions tenté de recoller quelques morceaux. Nous étions lucides, cela ne donnerait rien, mais c'était un passage obligé. Week-end dans un bel hôtel au bord d'un beau lac. Une étendue d'eau plate, froide, immobile et sans saveur... La partie italienne de moi-même, enfant des Pouilles, ne pouvait que la mépriser.

Au dîner, elle m'avait dit des choses très justes : « Méfie-toi de toi-même, Jean-Luc. Tu ne doutes plus de rien, tu te crois infaillible ». J'avais passé une partie de la nuit assis en tailleur sur le sol carrelé de la salle de bains tandis qu'elle dormait dans la chambre, à côté. J'avais enfilé le peignoir de l'hôtel et j'étais resté là, dans le noir, avec pour seul éclairage un ciel de nuit face à la fenêtre qui surplombait la baignoire. Les heures avaient défilé. Oui, je pouvais tout stopper. Arrêter avec Marie, arrêter avec Vincent. Sauver mon mariage, sauver ma carrière.

Mais, au fond de moi, ce puéril sentiment de toute-puissance d'un homme de cinquante-huit ans qui veut encore vivre des moments forts, avait décidé à ma place – et tout balayé. Sauver mon mariage, mais pourquoi ? À deux heures du matin, tout à ma cogitation nocturne, j'en étais même venu à envisager d'avoir des enfants avec Marie ! Je me voyais reçu à l'Élysée après avoir résolu l'affaire Lambert et réussi le tour de force de mettre les parents et l'épouse d'accord. J'étais félicité, acclamé. Quel pathétique vieux con !

La nausée me reprend. L'écœurement de moi-même.

Au petit matin, je m'étais allongé à côté de Sabine. J'avais caressé sa tête et ses longs cheveux. Elle dormait, je n'appuyais pas trop fort, je m'appliquais avec une réelle tendresse. Elle avait murmuré quelque chose d'inaudible. Je savais que c'était la dernière fois.

Dimanche 3 novembre 2019

L'administration de substances nuisibles, donc.

J'avais longtemps hésité. Puis, j'étais passé à l'acte. Car *il le fallait.*

Marie commençait à s'éloigner ; je voulais l'impressionner.

J'avais pris mes précautions en œuvrant au cœur de la nuit. Les cycles de veille et de sommeil des patients en état végétatif ne correspondent pas toujours à l'alternance jour-nuit. Vincent était souvent éveillé ; il fixait, à travers sa fenêtre sans volet, la course de la lune dans le ciel nocturne. Moments hors du temps.

Des semaines durant, j'avais observé comment Myriam et Maddy utilisaient la potence, les poches d'alimentation et d'hydratation, comment elles manipulaient les robinets, les doseurs.

Et un soir, dans une poche vide accrochée à la place de la poche d'hydratation, j'avais versé du champagne. Oh, très peu – le doseur au niveau le plus bas.

J'avais scruté le visage de Vincent. Son regard avait changé et s'était posé sur moi – Vincent était là !

Fébrile, exalté, je n'avais malheureusement pas pu reproduire l'expérience plus de deux ou trois fois, car Vincent était très suivi et soumis à de fréquentes prises de sang.

Je reste dans l'idée d'avoir trinqué avec lui au temps de vie restant.

Lundi 4 novembre 2019

J'étais allé plus loin. J'avais aussi essayé ce somnifère qui, d'après Marie, stimulait la conscience des paucirelationnels. Elle m'en avait procuré une plaquette. J'avais dilué une pilule dans la poche d'hydratation.

Regard plus clair, une présence différente... Oui, il était là aussi, j'en suis certain.

Mais aucune différence dans les résultats aux exercices.

Et surtout, le lendemain, des tremblements observés par l'équipe soignante.

J'arrête d'écrire. Cour de promenade, m'aérer, oublier. Chacun jugera.

Mardi 5 novembre 2019

Échange téléphonique avec Maître Simon-dit-Roy.

Elle m'a annoncé que l'éditrice jetait l'éponge. Elle en est désolée. Je n'ai pas été surpris. La décision était sans doute déjà prise lorsqu'elle était venue me voir. J'aurais dû écarter ses critiques d'un revers de main. Mon avocate a voulu se montrer confiante :

— Si ce n'est pas elle, ce sera une autre. Il faut trouver la bonne maison d'édition, et surtout, la bonne personne, celle qui passera outre les résistances des petits bloqueurs, des peureux, des pusillanimes. Je vais chercher.

Elle a réfléchi, puis ajouté :

— N'abandonnez pas. J'ai lu votre troisième cahier et vous dis qu'il faut continuer. On veut connaître la suite ! Une affaire si célèbre, vue de l'intérieur, c'est rare. Vous êtes un témoin. Que s'est-il passé avec Marie ? Et puis, surtout, ça signifie quoi : « *Il a dit oui* » ? Moi, je sais ce que vous entendez par là, vous me l'avez raconté ; et pourtant, en vous lisant, je reste dans l'attente de l'explication. J'ai envie de savoir. Si vous ne le faites pas pour être publié, je ne vais pas dire « Faites-le pour moi », vous ne me devez rien, mais faites-le pour vous.

— Ne vous fatiguez pas à chercher quelqu'un d'autre, Maître, ai-je répondu. Ce n'est pas grave. Ce projet, même avorté, m'aura permis de vivre ici, dans l'enfer carcéral, chaque jour, sans trop me détester. Aujourd'hui encore, et même avec ce coup d'arrêt qui s'annonçait, j'écris tous les jours, parfois dix lignes, parfois cinq pages, mais j'écris, j'avance et je sens que je vais achever ce journal, décrire tout ce qui s'est passé, jusqu'à mon arrivée ici. Votre initiative était donc utile, elle m'a accompagné et porté.

Je lui ai relaté ce que m'a dit le petit baron corse. Elle a promis de se renseigner. Le prochain interrogatoire chez le juge d'instruction est prévu le 12 janvier, c'est très loin. Je suis las d'être ici. Sans éditrice, au cœur de cet automne qui s'éternise, ces jours qui s'assombrissent et se refroidissent. Ce quotidien qui hurle et qui pue. Ce sera encore long.

Alors, je me concentre sur mon récit, encore et toujours – et malgré tout.

Mercredi 6 novembre 2019

J'ai longtemps laissé au pied de mon lit ce roman que j'avais emprunté à la bibliothèque. *Le liseur.* Je l'ai enfin ouvert.

Le secret de cette femme, à peine honteux, qu'elle conserve enfoui et ne veut révéler, alors qu'il pourrait la sauver d'une condamnation à la réclusion criminelle à perpétuité. Et le narrateur, comprenant ce secret, qui se demande s'il doit le révéler à sa place, pour la secourir. Le dialogue entre le narrateur et son père, philosophe, auprès duquel il prend conseil, qui lui livre cet exposé inoubliable sur la personne, la liberté, la dignité, sur l'être humain *sujet* et non *objet*. Ce père qui dit à son fils : « *Rien ne justifie, dans notre société, que tu places ce que tu estimes être bon pour cette femme au-dessus de ce qu'elle-même estime être bon pour elle* ».

Le résumé, terrible dans ses conséquences, vertigineux pour moi, du principe d'autonomie de la volonté – d'autodétermination.

Jeudi 7 novembre 2019

Aujourd'hui j'ai raconté à Louis de Montchalon l'enterrement de mon père. Je lui ai aussi parlé de Michel. Je viens d'écrire ce prénom et des fourmis courent le long de ma main et de mon avant-bras. *Michel.*

Cette séance a été un tournant. Je l'ai vu au niveau de concentration inhabituelle de mon psy. C'était le moment qu'il attendait, celui dont il savait qu'il adviendrait, tôt ou tard.

Il m'a laissé le dérouler, a posé une ou deux questions, mais n'a pas commenté. Pourtant, c'est très simple : au fond, mon rapport à la mort, c'est quoi ? Ce n'est pas mon papy à la morgue dans le silence des glas qui ne sonnent pas, ni le rossignol aux yeux roulants, terrorisé par sa fin prochaine.

Mon rapport à la mort, c'est Michel, tout simplement.

Alors, voilà l'histoire. Mon père malade, mon père mourant, mon père mort. Son enterrement. Un jour de juillet 2017. Il fait très chaud. Petit comité, évidemment, pas de famille pour m'entourer ni d'amis venus me soutenir. Quelques « camarades d'EHPAD » de mes parents, de vieilles connaissances de Freyming, le curé. Et Marie, qui avait insisté pour venir.

Le cimetière de Freyming est en pente. L'entrée se situe en contrebas, il faut ensuite gravir la colline. Je pousse ma mère dans son fauteuil roulant. J'ai chaud et soif. Nous arrivons devant le trou creusé par les employés municipaux. Ma mère demande aux deux croque-morts : « Pourriez-vous me montrer Michel ? »

Que se passe-t-il alors ? De la gêne ? Bien plus que ça. Il y a de l'incompréhension dans la quinzaine de personnes rassemblées autour de la fosse. L'un des employés y descend, s'empare d'un petit sac de velours bleu fermé par une cordelette dorée et le tend à ma mère. Elle regarde le sac, hoche la tête, murmure un merci et le sac regagne le fond du trou. Des gouttes de sueur froide roulent sous ma chemise. Je jurerais que c'est la première fois que je vois la pierre tombale marquée « Famille Bianchi » avec, juste au-dessous, un seul prénom et une seule date – *Michel, 1955.*

Ensuite, tout se brouille, j'entends à peine les cris de surprise de ceux qui me voient m'écrouler au pied du fauteuil roulant de ma mère. Au seuil de la tombe de mon frère aîné, Michel, mort-né.

Je reste longtemps sans connaissance. Je ne reprends vraiment mes esprits que dans l'ambulance qui me mène à l'hôpital de Freyming. Les examens ne révèlent rien d'anormal, un peu de déshydratation, du surmenage peut-être, un gros coup de chaud, il y en a d'autres ces jours-ci, cela ne surprend personne. Commode…

Marie avait tout de suite compris. Cela venait de beaucoup plus loin. Montchalon l'avait compris tout autant, avant même que je ne l'explique.

Vendredi 8 novembre 2019

Deux heures du matin. Je savais que ma nuit serait incomplète. J'ai dormi trois heures d'un sommeil agité, mais je ne peux pas me plaindre. La prison est calme. Quelques craquements dans la tuyauterie du chauffage. Je suis nauséeux. Dans mon demi-sommeil, j'ai tâté à plusieurs reprises le matelas de ma paillasse, c'est bon, il est sec.

J'ai la sensation d'être descendu au fond du puits, là où le froid et la mousse sur les pierres amplifient l'écho. J'ai plongé mon bras dans l'eau noire et glacée et j'y ai récupéré un sac de velours bleu.

Il est dix heures, maintenant. J'ai somnolé au petit matin.

Je mentirais si je prétendais découvrir l'existence de ce frère disparu. Lorsque, épisodiquement, une question m'était posée sur la composition de ma famille, j'utilisais la formule : « J'ai grandi comme enfant unique ». À chaque fois que je formulais cette réponse, les mots *Michel* et *mort-né* éclataient silencieusement dans mon cerveau comme des bulles à la surface d'un étang. Puis, les bulles disparaissaient et je n'y pensais plus.

À mon chevet, le lendemain de l'enterrement, Marie m'avait demandé :

— Savais-tu que tu avais eu un frère aîné mort-né ?

— Bien sûr, avais-je répondu, pourquoi me poses-tu la question ?

Elle avait haussé les épaules, sans rien dire, avec, dans le regard, une forme de lassitude ou de désintérêt.

Samedi 9 novembre 2019

Terrible cauchemar ! Je me suis entendu crier.

Je me calme peu à peu.

Je suis allongé sur ma paillasse, sur le flanc, de façon à pouvoir écrire. Il est trois heures du matin, je reste dans le noir. Mon cahier n'est éclairé que par la lune filtrant des barreaux, et par le faible rai de lumière provenant des coursives, à travers la porte de ma cellule. Je n'y vois presque rien.

La journée d'enterrement de mon père défile sous mes yeux.

Marie insiste pour venir. Dans l'église, elle s'installe quelques rangées derrière moi pour, dit-elle, ne pas interférer avec mes proches...

À un moment de la cérémonie, je me tourne vers elle, je cherche son soutien. Elle est en prières, yeux clos, mains jointes, genoux au sol. Image aussitôt oubliée.

Marie au moment de l'eucharistie, en état de félicité. Fluidité de la gestuelle, maîtrise parfaite.

La petite croix de son pendentif ne m'avait pas alerté, moi l'Italien, le Polonais... Collier qu'elle enlevait précautionneusement avant de s'aliter avec moi.

Dans mon cauchemar, je suis au fond du puits, prisonnier. Je relève la tête. Tout en haut, à l'air libre, en contre-jour, Marie me regarde, sereine, priant pour mon salut.

Priant avec ferveur, sans un geste pour me remonter. Marie !

Dimanche 10 novembre 2019

Hier soir, tard, la Chose a surgi dans mon espace vital.

Boulay, le directeur de la prison, m'avait averti en fin d'après-midi :

— Bianchi, je voulais vous prévenir, vous allez avoir un codétenu.

J'étais assis, à ma table, concentré. Il a cru devoir se justifier :

— Vous savez, vous êtes le seul en encellulement individuel, ici. Il n'y a pas de quartier VIP dans cette maison d'arrêt, j'ai réussi à vous maintenir seul ici jusqu'à présent, mais ce n'est plus possible. Les arrivées sont trop nombreuses. Il y a eu, hier, un gros coup de filet chez les stupeux de Croix-Rouge. La nuit a été difficile dans le quartier des arrivants. C'est le week-end, on est en sous-effectif. Je suis obligé de les répartir, d'autant qu'ils ne peuvent pas communiquer entre eux. Rassurez-vous, je ne vais pas vous mettre un gros bonnet, une tête de réseau. Ce sera un petit rabatteur, un gentil qui ne vous embêtera pas.

Dans la soirée, une larve entre dans ma cellule, un déchet humain, camé au dernier degré, vingt ans et une dentition de vieillard, la folie et la désespérance dans le regard. Qu'est-ce que je vais faire de ce cothurne, moi ? Moi ! J'aurais préféré la tête du réseau, un dangereux, un de mon rang pour que, dans la même cellule, se retrouvent deux chefs, deux patrons.

Je n'ai presque pas dormi, cette nuit. Sur son matelas, au sol, la Chose s'agitait, couinait dans son sommeil, shootée à la méthadone. Comme un rat – un gros rat dans mon chez-moi.

Lundi 11 novembre 2019

La Chose pollue mon environnement. Impossible de me focaliser sur mes souvenirs, de former des phrases, impossible. J'ai demandé de l'aide à José Luciani. Erreur. J'ai bêtement quémandé, en cour de promenade :

— Luciani, tu m'avais dit que si j'avais un problème, je pouvais venir te voir. J'ai un problème.

Il m'a regardé sans sourire.

— C'est quoi ton problème, Bianchi, c'est ton nouveau cothurne ?

Il savait tout, décidément. J'ai acquiescé d'un mouvement de la tête et il a dit, mot pour mot :

— C'est bien et maintenant, on arrête de parler.

Il est parti. Je me suis senti stupide. J'aurais dû commencer par lui dire que je pouvais réfléchir à sa demande, voir ce que je pourrais faire pour sa mère.

Me voilà dans un coin de ma cellule avec cette forme grouillante allongée sur son matelas par terre.

Mardi 12 novembre 2019

Je ne supporte plus la violence sonore qui m'entoure, les gémissements, les hurlements, de nuit comme de jour. Je m'y étais fait ; je n'y arrive plus.

Cette nuit, j'ai rêvé que les murs de ma cellule étaient couverts d'un papier peint fleuri. En son centre, sur une vraie cheminée, au rebord de marbre noir, était posée une petite pendule. L'objet sonnait chaque heure et ce son régulier, apaisant, couvrait tous les autres.

Je sens que je parviens au terme de mon voyage immobile ici. J'ai besoin du monde extérieur. Peut-être ai-je encore quelque chose à y vivre.

La Chose est partie pour la douche. Je me suis précipité sur mon cahier. Je suis tranquille depuis plus d'une heure, la Chose n'est pas revenue ; je ne connais même pas son prénom, ça ne m'intéresse pas. Mais une heure ça fait beaucoup, tant mieux pour moi, il a dû partir en promenade.

Ajout, ce soir : sentiment de bien-être retrouvé. Deux gardiens sont passés débarrasser les affaires de la Chose et son matelas. Ils m'ont dit qu'elle avait été retrouvée inerte dans la douche, la gueule défoncée.

Le Taulier a écrit au juge pour lui faire comprendre que c'était inévitable : en mettant les têtes de réseaux et les petites mains dans la même cabane, les inférieurs se feraient nécessairement donner la leçon, pour bien comprendre qu'il fallait se taire. Mon codétenu a sans doute servi d'exemple pour tous les autres. J'éprouve maintenant de la peine pour lui, mais c'est ainsi, cette misère-là ne me concerne pas, mon écosystème a retrouvé son équilibre.

Mercredi 13 novembre 2019

J'avais huit ans et j'avais fouillé. J'aimais bien fouiller, dans tous les recoins de la maison. Dans un tiroir empli de papiers, j'avais trouvé le livret de famille. Je ne savais pas ce que c'était, je l'avais ouvert. Des informations sur mes parents, sur leur mariage. À la page suivante, sous le titre « premier enfant », un prénom qui n'était pas le mien. Cette page était remplie : d'abord l'extrait d'acte de naissance, puis l'extrait d'acte de décès, avec la même date. Je n'avais pas compris. Je figurais à la page d'après sous le titre « deuxième enfant ». Pourtant, j'étais enfant unique.

Quand j'y pense, quel haut fonctionnaire zélé a inventé le livret de famille où, sur un seul feuillet, figure la naissance puis, juste en dessous, apparaissent des pointillés avec date et lieu de décès ? Synthèse de l'administration sans âme, pour laquelle naissance et mort s'écrivent mieux sur la même page.

Jamais mes parents ne m'avaient parlé de Michel. Je n'avais pas abordé le sujet avec eux. Aucune photo, aucune trace.

J'imagine la tête qu'il avait, bébé sorti du ventre, et l'allure qu'il aurait eue en grandissant. J'en veux à mes parents : ils auraient pu ne pas l'inscrire sur le livret de famille. Il y était, bien renseigné, mais était devenu un tabou néanmoins.

Le lendemain de cette découverte, je m'étais réveillé dans mon lit trempé. Jusqu'à l'âge adulte, jusqu'à mon arrivée ici, il m'est arrivé de mouiller les draps. Ici, je suis tellement au-delà de la honte que je peux l'écrire.

Jeudi 14 novembre 2019

Une semaine a passé depuis mon dernier passage chez Montchalon. Pour la première fois depuis mon arrivée dans cette maison d'arrêt, j'ai attendu la séance de ce matin.

— Vous auriez voulu sauver votre frère. C'est absurde puisqu'il est mort-né quatre ans avant votre naissance, mais, dans votre tête, cet évènement aurait pu être évité et vous avez réfléchi aux moyens de l'éviter. Vous n'avez pas trouvé – car c'est techniquement et temporellement impossible – et cet échec a généré un trauma, une frustration. Dans votre tête de petit garçon, vous avez pris sa place, vous êtes un remplaçant, vous l'avez évincé, donc c'est vous le coupable.

Il m'a dit beaucoup d'autres choses justes, utiles. Bien sûr, Michel était notre fantôme. Il m'a hanté pendant des décennies. La semaine dernière, j'ai décidé de mieux accueillir ce mort dans ma vie. Montchalon m'a expliqué qu'il ne faut pas cacher ses morts. Il faut les accueillir, ils ont besoin de moi comme j'ai besoin d'eux.

– Voilà, c'est sorti, a-t-il déclaré. Tout notre travail a mené à cette séance de la semaine dernière. C'est ce qu'il vous fallait évacuer, repenser, conscientiser. Vous l'avez fait et je vous félicite : vous pouvez maintenant réfléchir plus sereinement. Il y a un lien à tisser entre votre attitude dans l'affaire Vincent Lambert et ce tabou absolu qui s'est érigé au centre de votre famille pendant plus de cinquante ans. Il ne s'agit, ni plus ni moins, que de votre rapport à la mort. À vous de tisser ce lien tranquillement, ou de ne pas le tisser, peu importe maintenant. L'essentiel est de ne plus être hanté par le fantôme de Michel.

Vendredi 15 novembre 2019

La lune est pleine, elle brille. Les barreaux qu'elle éclaire signent sur le mur de ma cellule les ombres distendues d'une belle œuvre géométrique.

Pourquoi me suis-je infligé ce travail d'écriture ? Oui, il m'a fait du bien. Il ne m'a pourtant pas prémuni de grandes souffrances. Les cicatrices de mon ventre me font mal – ces lignes roses et brillantes qui dessinent, elles aussi, une belle figure géométrique. Parfois, elles brûlent, parfois, elles grattent. Je ne comprends pas ce qui m'a pris.

Sans doute chaque quête, depuis l'aube des temps, contient ces moments de solitude et de doute extrêmes.

Samedi 16 novembre 2019

Fin 2017, Marie s'était éloignée. Je pourrais écrire : peu à peu, mais ce serait faux. En quelques jours, son regard s'était modifié. Ses gestes étaient les mêmes, ses sourires, nos conversations... Mais j'avais perçu quelque chose d'indéfinissable, comme une variation de longueur d'onde. Un regard moins étincelant, des gestes un peu lassés, nos relations intimes plus mécaniques, et puis, surtout, ses coups d'œil à mes verres. Pas même une désapprobation : juste des regards muets, furtifs. Les mêmes que ceux portés à ma bedaine de quinquagénaire.

L'alcool amplifiant la perception des sens, je recevais ces fluctuations d'attitude comme des décharges électriques. Je savais que cela finirait. Et pourtant je ne comprenais pas : j'avais fait tout ce qu'elle m'avait demandé !

Elle évoquait de plus en plus souvent les États-Unis. Un jour, elle m'avait annoncé avoir obtenu un contrat de trois ans dans l'une des universités les plus prestigieuses de la côte Est.

Je tournais alors à une bouteille de champagne par jour. J'avais augmenté la dose.

Dimanche 17 novembre 2019

Le 9 avril 2018, le docteur Garnier annonçait à la famille, puis publiquement, sa décision de reprendre le processus de fin de vie. Il était venu me voir la veille pour me prévenir. Je l'avais regardé fixement, froidement, puis l'avais orienté vers Thomas Keller, qui piloterait les procédures judiciaires qui ne manqueraient pas d'être réactivées. Nous n'avions pas dialogué davantage.

La seconde et ultime conversation avec ce chef de service s'était déroulée quelques jours plus tard et avait constitué pour moi un tournant. Le tribunal administratif de Châlons-en-Champagne avait été saisi et avait ordonné une nouvelle expertise médicale. Le jour même, soixante-dix professionnels de santé avaient publié une tribune dans Le Figaro pour dénoncer une euthanasie qui ne disait pas son nom et demander que Vincent Lambert soit transféré dans une autre unité. J'étais allé voir Jérôme Garnier, l'article à la main.

— Regardez, Docteur, avais-je dit, vos collègues s'adressent à vous. Les arguments sont précis et viennent de personnes de tous bords. Difficile d'imaginer ces gens intégralement et exhaustivement catholiques intégristes. Cela doit faire réfléchir, n'est-ce pas ?

Il avait répondu lentement, sereinement. Il n'était plus le médecin expéditif et péremptoire que j'avais rencontré ; la décision qu'il avait prise l'avait, en quelque sorte, *élevé*.

— Vous savez, Monsieur le directeur, je ne compte pas parmi ces médecins qui tiennent absolument à leur modèle scientifique. Je sais reconnaître que je ne sais pas. Je ne crains pas de l'affirmer à mes équipes et aux familles. Je peux gagner aussi leur confiance de cette façon, dans un service comme celui-là.

Il avait hésité à poursuivre.

— Monsieur Bianchi, je sais que vous passez beaucoup de temps dans cette chambre n° 6 et je laisse faire. Je veux vous dire une chose : moi aussi, j'ai passé du temps dans cette chambre, assis, sans rien faire d'autre qu'observer le patient, lui parler, guetter ses réactions et son regard. De ces longs moments d'observation et de ce que je sais de sa vie, de sa personnalité, de son entourage, j'en ai déduit ceci : oui, Vincent est parfois présent. Il y a un peu de conscience, par intermittence, il perçoit quelque chose de son environnement. Il entend et comprend, par moments, ce qui lui est dit. Ce n'est pas cela qui a guidé ma décision. Du point de vue médical, nous sommes dans l'obstination déraisonnable, cela ne fait pas de doute. Mais il y a autre chose : il y a le contexte. Il y a l'humain, la personne humaine. *Chaque cas est particulier.* Avec un même état de conscience observable et avéré, et dans un même contexte d'absence de directives anticipées, dans un cas, j'irai vers l'arrêt des traitements et dans l'autre je laisserai le patient vivre sa vie. C'est ça l'humain : quelque chose qui n'est pas mathématique, qui n'est parfois pas explicable avec des mots. C'est cette décision prise en mon âme et conscience. Comme au judiciaire. Dans un procès où il n'y a pas de preuve matérielle, la justice rendue au nom du peuple français est fondée sur l'intime conviction. Les jurés disent : au fond de moi, je sens que l'accusé est coupable, ou bien je sens que l'accusé est innocent. Ensuite, il y a un vote, puis une sentence. Ici, c'est pareil. La différence, c'est que je dois prendre ma décision seul. Je le regrette, la loi est mal faite : la décision n'est prise que par le médecin, ce qui suppose qu'elle est exclusivement médicale. Elle devrait être prise par plusieurs personnes : par des juges, dans une procédure spécifiquement créée pour cela. Voilà ce que je pense. Or, pour le moment, la loi est faite ainsi, qui m'impose de réfléchir comme si j'étais un jury, au-delà du médical.

Il me regardait avec intensité, sans cligner des yeux, presque en apnée.

— Mon intime conviction, avait-il repris, est la suivante : même si Vincent n'est pas nécessairement malheureux tel qu'il est, le fait est que ses parents ont fait de lui un porte-étendard de leur combat personnel. Ce seul fait lui est insupportable. Le neveu me l'a dit et je n'ai aucune raison de ne pas le croire : « Vincent vomissait, y compris au sens propre, l'idéologie de ses parents ». D'un autre côté, il est tout aussi certain qu'il n'aurait pas souhaité rester, toutes ces années, ce fardeau ni mort ni vivant pour sa femme et pour sa fille. Il aurait eu cela en horreur. Finir en état végétatif était sa phobie. Imaginez, pour un phobique des araignées, être obligé de dormir dans une chambre pleine d'araignées. Voilà ce cas particulier qu'est Vincent Lambert et la raison pour laquelle son épouse a raison : elle l'aime, donc elle veut le laisser partir.

Lundi 18 novembre 2019

Au courant de cette année 2018, j'avais fini par remarquer que Thomas s'éloignait, lui aussi. Il avait tenté, un jour, d'évoquer ma consommation d'alcool ; il avait cherché ses mots, fait rare chez lui. C'était sans doute bien intentionné, mais cette volonté de m'aider, les quelques fois où elle s'est manifestée dans ma vie, m'a toujours paru odieuse. J'avais coupé court ; il n'avait pas insisté.

Puis, j'avais appris qu'il animait une réunion de travail pluridisciplinaire sur le nouvel hôpital civil. Le NHC, mon *grand œuvre*, était ma chasse gardée depuis mon arrivée en 2014. Certes, j'avais quelque peu lâché prise, demandant épisodiquement à mon adjoint de me remplacer lors de certaines réunions mineures, tout en prétextant l'importance de cet autre dossier, qu'était la gestion de l'affaire Lambert. Mais cette réunion-là, qui incluait les architectes, les bureaux d'études, l'ARS, et le maire de Reims, c'était à moi de la présider. Je n'y étais pas, et en avais même complètement oublié l'existence.

À cet instant précis, j'avais compris que j'étais en perdition. J'avais pris conscience de la transformation de mon directeur général adjoint, rasé de plus près, la cravate mieux nouée, la chemise mieux repassée, les chaussures mieux cirées. Il y avait métamorphose lente, au moment même où je ne me rasais plus qu'un jour sur deux, où je remettais souvent la même chemise, la même cravate.

Je m'étais regardé dans un miroir. J'avais vu les cernes, les poils dans les oreilles, les quelques cheveux à l'arrière du crâne que je laissais bêtement repousser, par négligence. Le diagnostic de déchéance était posé. Et aucune envie de sursaut.

J'avais simplement pensé : « lorsque l'affaire sera résolue, mes cernes disparaîtront. »

Mardi 19 novembre 2019

Je pense tous les jours à mon psy et à Michel, mais je ne souhaite plus parler d'eux. Je veux avancer dans mon récit. Et l'achever.

C'est ce que je dois à mes parents, à Michel, à Vincent, à Rachel – et à moi.

2018, année de solitude absolue.

Divorce prononcé avec Sabine. Énorme prestation compensatoire, je n'ai rien discuté, j'ai versé. Elle m'a laissé notre pied-à-terre parisien.

Rupture avec Marie, je n'en parle pas davantage. Plus aucun contact ni avec l'une ni avec l'autre. Décès de ma mère au début de l'année. Personne pour organiser son enterrement à ma place. Je suis retourné dans le même cimetière, au même emplacement où j'avais enterré mon père quelques mois plus tôt. J'étais orphelin, définitivement seul. Thomas déployait encore quelques efforts, mais de moins en moins. Ma secrétaire avait pitié de moi. Mon agenda se vidait peu à peu, elle essayait de le remplir tant bien que mal, organisait des rendez-vous, surtout le matin. Puis, exclusivement le matin.

Pendant ce temps, Viviane Lambert vivait devant les caméras. À plusieurs reprises, elle était venue triomphante à Sébastopol, sous les applaudissements de personnes qui s'improvisaient manifestants, mal à l'aise dans leurs tee-shirts floqués à l'effigie de Vincent, gênés de faire du bruit. Viviane, elle, exultait d'être filmée et applaudie, admirée dans son combat.

Tandis que personne n'admirait le mien.

Mercredi 20 novembre 2019

Je fais des rêves étranges depuis quelques nuits. Je suis dans mon appartement de fonction, je m'y sens bien. Dans une grande cage de laiton posée sur un guéridon s'agite un petit rossignol. Le salon s'égaye de sa présence chantante. Je discute en italien avec des gens que je ne connais pas. Nous buvons un champagne, rosé de saignée, celui que j'avais dégusté avec Kariger, ce champagne très rouge, comme le sang de mes plaies abdominales.

Il faut que je sorte.

Jeudi 21 novembre 2019

Séance avec Montchalon.

Pour la première fois, nous avons parlé de l'Affaire. J'ai décrit le rôle de Marie en 2014 et sa théorie du suicide de Vincent. Je me suis limité à cela. Je n'ai rien évoqué d'autre.

J'ai énuméré un à un tous ses arguments. Lorsque je me suis tu, Montchalon n'a pas repris la parole. La pièce de consultation est restée silencieuse un long moment.

— Eh bien, ai-je fini par dire, qu'en pensez-vous ? Je suis preneur de l'avis d'un de ses confrères.

Il a retenu un sourire gêné.

— Je cherche les mots pour vous dire, sans offense, à quel point je suis en désaccord avec tout ce que Marie Salmon a dit et fait. Je cherche mes mots, car je sais ce que vous allez penser. Personne n'est jamais objectif, tout le monde a ses biais. C'est une des tares de notre métier, ce contre quoi il faut lutter au premier chef. Non, je ne l'ai jamais appréciée, elle m'a fait un coup bas, elle vous a influencé et je vois aujourd'hui à quel point ; mais elle influençait tout le monde, vous n'avez pas à vous en vouloir. Je comprends mieux maintenant. Je ne l'ai jamais appréciée et cela ne datait pas de son véto à ma nomination. C'est une personne très intelligente, qui manie avec talent et érudition tous les concepts et toutes les écoles de psychiatrie, qui est une excellente enseignante des théories de la matière, mais incapable de suivre et traiter un patient au long cours.

Il parlait comme s'il en était affecté personnellement. Cela ne lui ressemblait pas.

— Il y a comme cela des gens qui ne savent pas faire la part des choses entre la théorie et la pratique. Son ambition l'a rongée et lui a fait perdre tout discernement. Ce qu'elle a raconté n'a ni queue ni tête. Certes, le scénario est plausible. J'observe néanmoins que personne n'a envisagé l'hypothèse du malaise au volant, mais passons. Considérons comme probable le fait que Vincent Lambert se soit volontairement envoyé dans le décor, sous l'emprise d'une pulsion. Le reste est faux, archifaux. Les déductions tirées par Marie Salmon d'une volonté de Vincent Lambert de rester dans cette prétendue surprise devant l'évidence de la vie ne tiennent pas une seconde. En psychiatrie, quelle que soit l'école, le doute est une vertu cardinale. Il est, par essence, ardu d'établir, pour un individu, une vérité à partir d'éléments purement extérieurs.

Il a réfléchi un instant. Il parlait comme s'il voulait me convaincre.

— Tout est là. Toute la difficulté de cette affaire réside dans le fait que seul Vincent Lambert pouvait dire ce que voulait vraiment Vincent Lambert. Estimer que bouger les jambes au moment des soins de nursing signe un refus de rester en vie est une connerie absolue. Pire : une erreur médicale. Mais affirmer que survivre aussi longtemps à une privation d'alimentation et d'hydratation traduirait une pulsion de vie est tout aussi imbécile. Chacun ne fait qu'interpréter des signes extérieurs. Souvenez-vous que les plus affirmatifs, ceux qui annoncent : « *cela ne peut que signifier que...* », sont bien souvent ceux qui se trompent le plus. Marie Salmon vous a entraîné dans une imposture intellectuelle totale.

Il s'est penché vers moi, avant de poursuivre :

— La seule personne apte à approcher, sans la toucher, la vérité de cet homme et de ses volontés, c'est la femme qui partageait sa vie dans cette période-là, avec qui il venait d'avoir un enfant. C'est une question de logique et de bon sens, même sur un plan psychiatrique. Ces liens-là, récents, faits de chair et de sang, à jamais indéfectibles – et dans la mesure uniquement où la sincérité des sentiments de Rachel pour son mari ne fait aucun doute, ce qui est manifestement le cas – ces liens-là seuls permettent à cette dernière d'être la plus crédible dans son témoignage.

Il s'est ensuite frotté les yeux, puis gratté la tête, des gestes que je ne lui connaissais pas.

— Il reste une hypothèse, que vous n'avez pas explorée : et si Rachel Lambert était la seule à avoir vraiment compris Vincent Lambert ? Marie Salmon, comme vous-même, avez pensé qu'elle n'avait pas perçu les zones d'ombre de son mari, qu'elle s'était bercée d'illusions sur l'homme qu'elle aimait et sur le couple qu'elle formait avec lui. Considérez un instant, au contraire, qu'elle avait très bien compris le sort de son conjoint. Peut-être avait-elle parfaitement mesuré l'étendue de ses blessures, de ses souffrances passées, la puissance de ses ouragans intérieurs. Et elle avait choisi, sciemment, de les mettre de côté parce que Vincent lui-même était en train de parvenir à les écarter, de gagner cet affrontement ultime contre ses vieux démons. Pourquoi a-t-il choisi Rachel ? Elle est son antithèse. Un modèle de tempérance, une incarnation de simplicité, de cadre. Elle a probablement été apaisante. Il s'est marié avec elle, a créé un foyer, il a eu une fille, il l'a baptisée. Chacune de ces étapes formait un haut mur et il était en train de parachever cette forteresse qui le protégerait, de ses parents, comme de ses démons.

Concentré sur sa démonstration, il s'est levé et s'est adossé au rebord de la fenêtre.

— Imaginez le scénario alternatif suivant : le jour de l'accident, sur cette route, Vincent était peut-être dans une forme d'euphorie et non de souffrance. Dans la conscience joyeuse d'être sur le point de gagner la guerre, contre ses angoisses, ses douleurs. Écoutez bien, Monsieur Bianchi, essayez de visualiser la scène. Vincent s'est dit : « allez, un dernier zigzag, une dernière pirouette, le dernier numéro de claquettes devant la grande Faucheuse ! Et après, rideau ! Le spectacle se termine définitivement, je rentre à la maison, serein, débarrassé ». Et ce dernier zigzag a dérapé. Coup de volant réfléchi, mais mal contrôlé. Acte manqué peut-être, acte manqué sans doute, mais l'acte d'un homme qui, après des années de recherches et d'échecs, venait de trouver sa paix intérieure. Je crois que Rachel avait compris cet homme-là qui est un tout, et qu'elle a ainsi traduit ses volontés.

Vendredi 22 novembre 2019

Mon réel accomplissement à ce dernier poste de directeur aura été d'organiser une unité modèle pour les patients en état végétatif chronique, un lieu de vie réputé, apprécié du personnel soignant comme des familles. Le reste est bien terne. Véronique, qui me voyait me délabrer tranquillement, protégeait mon image. Elle réorganisait mes rendez-vous ou, le plus souvent, les réorientait vers Thomas. Mon agenda s'était encore allégé, je passais l'essentiel de mon temps à Sébastopol et de moins en moins dans mon bureau.

Des gens avaient insisté pour me rencontrer. Une équipe de chercheurs en sciences sociales, qui souhaitait organiser une longue série d'entretiens sociologiques au sein de l'unité EVC/EPR de mon CHU. J'avais lu leur courrier avec méfiance. Il y était exposé que ce travail de recherche aboutirait à un livre blanc qui ferait le point sur la circulaire de 2002. Le but était de présenter la vie quotidienne des personnes en état de conscience altérée. Pour ce faire, l'équipe devait mener une vaste étude, qui supposait d'interroger les familles de patients et le personnel soignant de l'unité.

J'avais eu un réflexe de rejet et demandé à Véronique de décliner. Je craignais une désorganisation du service couplée à un effet d'aubaine, un voyeurisme malsain. Pourquoi réaliser cette étude, précisément dans l'unité où était hébergé Vincent Lambert ? Rien de tel pour relancer les polémiques. Pourtant, Véronique avait insisté. Elle devinait autre chose. Alors, je les avais reçus.

La directrice du centre de recherches avait regardé l'affiche des années 1970, les photos avec Bernard Kouchner et Georges Séguy, d'un air approbateur. De mon côté, je les observais également, vêtements, allure, style. Je me détendais ; nous étions du même bord. Nous

nous étions reconnus.

Ils m'avaient tenu un discours simple et précis : « Nous pouvons être favorables à l'arrêt des traitements dans l'affaire Lambert, d'un point de vue sociétal en tout cas, tout en promouvant une prise en charge digne d'une démocratie du vingt et unième siècle, adaptée au grand handicap et aux patients en état végétatif. Ce n'est pas incompatible. Il faut même aller plus loin. C'est un acte politique que de ne pas laisser le champ social être envahi par la polémique, les invectives, le débat polarisé. Même au sein de notre université, ce projet d'études a été perçu par certains comme une commande d'arrière-garde venant de milieux réactionnaires. Les débats ont été nourris. »

Leur initiative a contribué à ma prise de conscience ultime. Petit à petit, j'ai commencé à faire la part des choses.

Je leur ai donné mon feu vert et ils ont démarré en janvier 2019. Ils ont passé plusieurs mois dans le service, réalisé des entretiens avec tout le monde, Maddy, Myriam bien sûr, les médecins, les ergothérapeutes, la kiné, la psychologue et même avec Philippe, l'agent hospitalier. Ils ne se sont pas approchés de la chambre n° 6, c'était ma condition, mais ont interrogé les familles qui étaient prêtes à participer au projet. Ils n'avaient pas encore terminé lorsque je suis *parti*.

Je ne sais pas si ce projet verra le jour. J'aimerais que ce *livre blanc* évoque mon nom, dans une préface ou des remerciements. J'aimerais qu'il devienne mon legs, ma marque dans cette affaire, ce supplément de carrière dont j'ai tant rêvé – j'aimerais que quelqu'un me l'attribue.

Samedi 23 novembre 2019

À l'automne 2018, j'avais définitivement perdu pied ; je devenais un intrus dans mon propre hôpital.

En octobre, un mouvement social avait embrasé l'établissement et j'avais été incapable de le gérer. Des manifestations de personnels soignants s'étaient tenues aux abords de l'hôpital Maison Blanche. Certaines pancartes résumaient tout : « *serial Keller* », « *Bian-qui* ? ». Contre toute attente, Thomas était parvenu à enrayer le mouvement. Dans la foulée, il avait obtenu un additif au rapport de la Haute Autorité de Santé, la certification du CHU passait de C à B. C'était une victoire, incontestable. Il n'avait plus besoin de moi ; l'hôpital avait besoin de lui.

À l'été, une nouvelle commission d'experts médicaux avait été nommée. Fin octobre, nous attendions le rapport. Myriam, Maddy et moi savions ce qu'il contiendrait : le processus ultime était en route, inéluctable.

Alors, nous avons organisé quelque chose.

1er novembre 2018. Veille du jour des Morts, je sais que Vincent ne recevra pas de visite. Avec Philippe, nous le plaçons dans un siège roulant électrique, tous terrains, puis roulons tous ensemble, dans le van spécifique pour les patients en fauteuil, vers la montagne de Reims. Je voulais revoir les Faux de Verzy, avec mes amis.

La journée est magnifique. Un ciel bleu éclatant, pur, sec. Le terrain se prête à une promenade en fauteuil, il est plat, les chemins sont larges, recouverts d'un égal tapis de feuilles. Nous nous promenons entre des arbres étonnants : les hêtres tortillards. La lumière se fraie un passage comme dans un kaléidoscope. Sabine saurait nommer toutes ces couleurs, avec les mots étranges que je ne retenais jamais. On dirait une forêt enchantée, emplie de maisonnées de lutins et d'êtres bienveillants assoupis sous des couvertures de feuilles. D'autres hêtres plus élevés, mais tout aussi noueux, tortueux, nous donnent la sensation d'être sur le point de s'adresser à nous. Cette promenade dure une bonne heure, mais nous perdons la notion du temps. Pendant de longs moments, nous restons silencieux, dans la paix de la forêt. Vincent paraît concentré, ses yeux sont grands ouverts, vifs. Son corps entier capte l'énergie tellurique de la forêt.

Nous voulons prolonger un peu le moment et traversons la route en direction du mont Sinaï. Une montée douce sur un large chemin et, au bout, cette vue dégagée, scintillante de soleil. Nous dominons la plaine. Des nuages bas forment une mer blanche et cotonneuse qui s'étend sous nos yeux. Myriam, Maddy, Philippe et moi faisons cercle autour de Vincent.

C'était il y a un an.

Lundi 25 novembre 2019

Aujourd'hui j'ai découvert l'univers carcéral sous un autre angle.

Mon gardien a ouvert ma cellule et laissé entrer un gradé que je ne connaissais pas : « Bianchi, vous me suivez ? » Je l'ai suivi, nous sommes sortis du bâtiment, il m'a emmené dans les préfabriqués de la direction. Il m'a fait entrer dans une grande pièce. Odeur agréable, je respire. Trois personnes derrière une longue table, le directeur au milieu. Face à eux : José Luciani et un avocat en robe. Boulay m'a interpellé sur un ton solennel :

— Monsieur Bianchi, je vous ai fait venir ici en qualité de témoin afin que vous puissiez répondre à différentes questions. Nous sommes en commission de discipline. Selon les éléments que j'ai réunis en enquête interne,

Monsieur Luciani, ici présent, a enfreint le règlement sur plusieurs points : détention et trafic d'objets illicites, d'armes ou armes par destination, communication illicite avec l'extérieur, complicité par instigation de violence volontaire sur codétenu pour avoir commandité un passage à tabac. Nous savons, d'après les gardiens de la cour de promenade et la vidéosurveillance, que vous parlez régulièrement avec José Luciani. Nous souhaitons par conséquent vous poser les questions suivantes. D'abord : Monsieur Luciani vous a-t-il procuré le canif avec lequel vous vous êtes taillé le ventre il y a un peu plus d'un mois ? Je rappelle que vous témoignez devant une commission de discipline et que toute fausse attestation sera inscrite à votre dossier et passible de poursuites disciplinaires.

J'ai compris à cet instant que je devais me concentrer totalement pour ne pas tomber dans les pièges qui m'étaient tendus. Mais, quelle partition jouer ? Celle de la loi, de l'ordre, de la vérité ? Ou celle du mensonge avec tous les risques induits, celle de la solidarité entre détenus, celle d'une alliance objective avec les criminels ? J'avais l'habitude de décider en quelques instants, trancher dans l'urgence. Pondérer les impondérables, c'est le métier de directeur d'hôpital. Je n'ai pas jeté un seul regard à José Luciani, mais je sentais le sien sur moi. Les trois membres de la commission disciplinaire attendaient ma réponse. J'ai pris quelques secondes, et j'ai dit :

— Ce couteau, je l'avais avec moi depuis longtemps, un détenu me l'a passé dans le quartier des arrivants, j'ai à peine vu qui c'était et je l'ai gardé dans ma cellule.

Ils ont essayé de faire le lien avec Luciani, mais j'ai maintenu ma version des faits et, surtout, j'ai ajouté :

— J'ignore quelle infraction José Luciani a commis, mais croyez bien, Monsieur le directeur, que j'ai compris à qui j'avais affaire lorsque j'ai discuté avec lui. Je sais quels sont les dangers de la criminalité organisée, je ne vais pas commencer à copiner avec ces gens-là ni avec personne d'autre d'ailleurs. Je suis l'ancien directeur général du CHU de Reims. Je suis en détention provisoire, j'espère sortir le plus vite possible, je me bats pour mon honneur, je n'ai rien à faire avec quiconque ici. Luciani et moi avons discuté quelques fois de l'affaire Vincent Lambert, car elle l'intéresse ; c'est tout. Il ne m'a jamais rien demandé ni jamais rien proposé.

Un autre membre de la commission a embrayé :

— Après votre mutilation, vous avez été dessaisi de tous vos objets dans votre cellule, ce qui est le protocole, mais vous avez pu poursuivre votre travail d'écriture avec un stylo. Pouvez-vous nous dire comment vous l'avez obtenu ?

— Ce stylo est en effet arrivé deux jours après mon retour en cellule. J'ignore comment. Il était posé sur mon cahier à un retour de promenade. Je ne pense pas que José Luciani soit rentré dans ma cellule, me déposer gentiment ce stylo. Je vous invite donc à poser cette question à votre personnel pénitentiaire.

La commission s'est ensuite attardée sur mon cothurne, le toxico, la Chose qui avait envahi mon habitacle. Ils soupçonnaient Luciani d'avoir ordonné de lui casser la gueule, afin qu'il sorte définitivement de ma cellule. J'ai compris à cet instant que c'était la réalité, que Luciani était vraiment intervenu pour me libérer de la Chose. Sans mot dire, sans même le laisser entendre. J'ai pensé : méfiance ! Un mafieux corse ne fait rien par altruisme. Il exigera quelque chose en retour. Même si rien n'a été acté, contracté, je lui suis redevable. Dans le fond, pourquoi pas ? Le départ de ce déchet humain a représenté un tel soulagement que je peux bien lui rendre l'un ou l'autre service. À commencer par le dédouaner.

— Tout ce que je sais, ai-je répondu, c'est que mon

cothurne est sorti avec le gardien pour se rendre à la douche, et qu'il n'est jamais revenu. J'ai appris par le gardien qu'il avait été retrouvé inanimé. Je ne sais pas ce qui s'est passé, qui l'a frappé ni pourquoi. Je peux ajouter que ce gars n'arrêtait pas de me parler du grand patron, qui était dans la même maison d'arrêt et dont il avait très peur. Apparemment, il avait dit quelque chose aux enquêteurs et il craignait pour sa vie. Il répétait sans cesse que ça allait mal se passer pour lui, et que ce n'était pas normal que le chef du réseau soit dans la même prison.

Tout cela était faux. Le gars ne m'avait même pas adressé la parole. Je mentais éhontément, mais tout cela était plausible, et surtout invérifiable.

J'étais fier de ma ruse. Elle ne pouvait que fonctionner et, si Luciani était en danger sur ces violences volontaires, mon témoignage fragiliserait le dossier de la commission de discipline. En fin de journée, j'ai demandé à sortir pour la dernière promenade, ce qui m'arrivait rarement. J'ai dit que j'avais besoin d'air. Luciani était là, c'était bon signe, il n'avait pas été mis au mitard. Nous ne nous sommes pas approchés l'un de l'autre ; nous avons senti, tacitement, qu'il fallait l'éviter, mais nous nous sommes regardés de loin, un mouvement de tête imperceptible pour dire merci, et de rien.

Mardi 26 novembre 2019

Toutes ces années, la chambre n° 6 émettait un signal faible, très faible du fait de la discrétion absolue de Rachel, mais signal à ne pas ignorer : l'harmonie de leur cellule familiale. Elle l'avait décrite dans son livre, mais je n'y avais finalement pas prêté beaucoup d'attention.

Durant les cinq années au cours desquelles j'ai hébergé Vincent Lambert et tenté de résoudre son affaire, j'ai assisté à un seul moment d'intimité familiale, un unique moment que je ne peux oublier : 24 décembre 2018, dans la soirée. Quelques semaines plus tôt, j'avais dit à tous mes directeurs : cette année j'assure la permanence de Noël et Nouvel An. Marie et Sabine étaient parties à jamais. Thomas m'avait invité dans sa famille le 25 décembre précédent, j'avais senti que c'était par charité, ce n'était pas ma place. Je le lui avais dit deux jours plus tard : « Merci, Thomas, mais ne m'invite plus ».

J'allais donc passer le réveillon de Noël seul – autant travailler. Dans un coin de ma tête, j'avais pensé que je pourrais aussi tenir compagnie à Vincent. Ou, plutôt, que Vincent pourrait me tenir compagnie.

Autour de dix-huit heures, le 24 décembre, je m'étais fait conduire à Sébastopol. J'avais feint de prévoir une tournée, m'étais montré dans les services, avais demandé si tout allait bien et souhaité un joyeux Noël. J'étais impatient de me rendre dans la chambre n° 6. J'avais pris une bouteille de champagne, fraîche.

J'étais resté longtemps avec lui. Nous avions trinqué une dernière fois. Quelques gouttes à peine, pour lui. Une fois la bouteille vide, je m'étais assoupi, calé dans le fauteuil. Dans ce sommeil agité par l'ivresse, j'avais entendu quelques notes de piano, un morceau simple. En ouvrant les yeux, j'avais vu Rachel Lambert, assise sur un tabouret, et une fille d'environ dix ans, Clémence, assise sur le lit, qui montrait une vidéo à son père sur un smartphone. Elle était attentive à placer l'écran dans l'axe des yeux que Vincent avait bien ouverts, attentifs. Rachel, la première, avait vu que je m'éveillais, puis me raidissais dans l'inconfort de mon intrusion. Elle m'avait accordé un sourire triste, posant son index devant sa bouche, soufflant un « *chut* » doux et simple. Elle ne voulait pas interrompre cet instant. Elle ressemblait à une madone lasse, mais sereine. Clémence, nullement incommodée par ma présence, nullement inquiétée par son père immobile et aréactif, continuait de lui montrer le film. Puis, la vidéo avait cessé et j'avais bafouillé quelque chose comme : « Je suis désolé, Madame Lambert, je ne voulais pas déranger ».

– Non, non, Monsieur le directeur, je vous remercie, vous avez veillé sur Vincent. Merci. Et puis, c'est un peu la trêve de Noël, n'est-ce pas ?

Je ne savais quoi répondre. Clémence était venue me montrer les mêmes images. Elle en était fière. C'était son audition de piano, quelques jours plus tôt. La vidéo, sans doute prise par Rachel, montrait une salle pleine, des enfants avec leurs parents, une toux par-ci et un bruit de chaise par-là.

J'avais rapidement dégrisé. Rachel s'était adressée à moi comme à un ami. Cela ne m'était plus arrivé depuis longtemps. Elle m'avait dit : « Avec vous, je sais au moins qu'il n'y a pas de doute sur ma sincérité. Voilà des années que je me demande comment on peut douter de ma sincérité. Imaginer que je désire laisser partir Vincent à l'encontre de sa volonté serait monstrueux. »

Mercredi 27 novembre 2019

Ce matin, parloir avec l'avocate. Ce n'était pas prévu, j'ai été étonné, je l'ai vue fébrile et souriante.

– J'ai deux nouvelles, a-t-elle annoncé, bonnes toutes les deux. La première : j'ai trouvé une autre maison d'édition. J'ai un contact, une éditrice intéressée, qui veut vous rencontrer.

Je suis resté stoïque. Ne plus se réjouir trop vite... Julie Simon-dit-Roy, avec tact, n'a pas insisté.

— La deuxième nouvelle est sans doute la plus importante : j'ai formé une demande de mise en liberté. Le juge remplaçant l'examine cet après-midi. Je me suis renseignée, les informations transmises par votre codétenu paraissent fiables : ce nouveau juge est réputé pour ordonner assez facilement les remises en liberté. Dans la mesure où l'essentiel des actes d'instruction est achevé, votre maintien en détention est discutable. Et si l'argumentaire fonctionne, vous serez libre dès demain !

J'écris tout cela en tremblant. Je n'ose y croire. Je pense à ma coupe de champagne, mais je n'ose y croire.

Pour autant que cette chance existe, j'arrête d'écrire, je vais me laver. J'ai détesté être présenté ainsi à une commission de discipline, même en qualité de témoin, pas rasé, le cheveu hirsute. Je ne peux pas sortir dans cet état. Je dois reprendre mon allure, sans délai.

J'ai terminé le parloir par une question simple : y aura-t-il des journalistes ? Elle a paru surprise. J'ai compris à son expression qu'elle hésitait à répondre, ne sachant pas si je serais soulagé ou, au contraire, déçu qu'il n'y ait personne.

Cinquième cahier

Dimanche 1er décembre 2019

Je vis depuis quelques jours dans l'étourdissement permanent de ma liberté. Je savoure de tracer ces premières lettres dans ce cinquième cahier, le dernier, que j'ai moi-même acheté.

Je suis sorti jeudi matin, comme l'avait prédit Julie Simon-dit-Roy. Trop tôt pour voir Montchalon, tant pis. Mon avocate m'attendait sur le trottoir d'en face. J'étais penaud, j'avais froid. Dans ma main, un sachet avec mon maigre paquetage, quelques habits, ma fouille, ma pochette et le quatrième cahier.

J'ai dit : « Sortons de Reims, allons à Épernay, s'il vous plaît ». Nous avons roulé sans un mot, à travers la montagne de Reims, longue route rectiligne. J'étais fatigué, mais j'ai profité du paysage. Julie n'a pas cherché à rompre le silence.

Arrivés à Épernay, nous sommes entrés dans un café à proximité de la place de la République. Il n'était pas dix heures du matin, mais c'est là que je voulais aller, dans ce café dont la devanture indiquait : « salon de thé – café – viennoiseries – snack – champagne ». Pareille annonce ne peut se trouver qu'à Épernay. J'ai pris une coupe de Ruinart blanc de blanc, servie un peu trop froide, et alors ? Champagne reconnaissable entre mille, merveille d'équilibre. Je me suis retenu de ne pas le boire d'une traite. Petites gorgées. De l'or dans ma bouche, de la lumière au creux de mon estomac. Une deuxième coupe. Et je me suis arrêté là. Il n'était pas dix heures du matin.

Nous avons un peu parlé. Julie m'a annoncé qu'un rendez-vous était prévu trois jours plus tard avec la nouvelle éditrice. Je l'ai remerciée. Je lui ai confié le quatrième cahier et nous nous sommes dit au revoir.

J'ai marché sans but. Je suis entré dans une papeterie où j'ai acheté le carnet que j'ouvre à l'instant. Quelques jours d'abstinence d'écriture, car la vie m'appelait, la vie plus forte.

Lundi 2 décembre 2019

Mon contrôle judiciaire a été allégé. Défense m'est encore faite d'entrer en contact avec les soignants de Vincent, mais je ne suis plus interdit d'accès à l'hôpital.

Je suis allé voir Thomas Keller ce matin. C'est son anniversaire aujourd'hui, il a 47 ans. J'avais un service à lui demander. Je lui ai apporté un cadeau.

Il a un beau bureau. Le mien, mais différent. C'est le sien, maintenant. Thomas a minci, il a gagné en élégance, en charisme. Il a été nommé directeur général de plein exercice. À son âge, c'est extraordinaire. Il finira à l'AP-HP, c'est certain. Je lui ai rappelé l'un de nos échanges, au début de notre collaboration. Il m'avait dit : « Moi, je marche à la victoire, alors que toi, tu évites les balles ». Aujourd'hui, il est victorieux. Je l'ai félicité. Nous avons parlé de choses et d'autres. Il était mal à l'aise, mais il ne s'est pas excusé et, au fond, je le comprends. Je ne lui en veux plus, je l'ai déjà écrit dans un précédent cahier, je ne lui en veux plus. Et d'ailleurs, je ne me suis pas excusé non plus.

Je lui ai demandé cette faveur à laquelle je songe depuis quelques jours. Il verra ce qu'il peut faire.

Avant de repartir, il a ouvert un tiroir, en a tiré mes deux précieuses photos, dans leurs cadres et me les a tendues.

Mardi 3 décembre 2019

Ces dernières années, avant même mon arrivée à Reims, je me posais de plus en plus fréquemment une question : à quoi avais-je servi ?

Certes, j'avais travaillé pour l'hôpital – univers de l'utilité sociale maximale. C'était la réponse facile que je m'étais longtemps apportée. Mais, quelle avait été mon utilité à moi, Jean-Luc Bianchi ? Ma valeur ajoutée ?

J'ai souvent ressenti la vacuité de mon existence professionnelle au moment où je me coupais les ongles. Tâche indispensable, mais, là aussi, d'une totale vanité : l'ongle repousse, quel que soit le soin apporté à sa taille.

Au fond, je pense que je ne suis pas le seul à nourrir cette interrogation. Peut-être est-ce propre aux métiers de gestionnaires ? J'ai géré des hôpitaux de la meilleure des façons. Et pourtant, si, à la même période, le même hôpital avait été géré par mon contraire, par le plus incompétent des directeurs d'hôpitaux, qu'est-ce que cela aurait changé ? L'hôpital aurait-il fermé ? Brûlé ? Non. L'hôpital aurait vécu sa vie, assumant sa fonction. La différence ne se serait faite qu'à la marge : des ressources humaines un peu plus en tension, des investissements plus tardifs. Les métiers de gestion… Comme un préfet dans un département. Il vient, reste trois ans, s'en va, et un autre lui succède. Quels sont ses accomplissements personnels, pendant ces trois années ? Pas grand-chose, à vrai dire.

Cette idée d'avoir consacré ma vie et mon énergie à essayer de faire la différence *à la marge* m'a été de plus en plus insupportable. J'ai été une marge. Un ajustement.

Pendant ces années où je croyais à ma mission, à la plus haute des vocations, la terre continuait à tourner lentement autour du Soleil, à tourner sur elle-même – et moi, je me coupais les ongles.

À la vérité, Vincent Lambert aura été ma thérapie.

Avec lui j'ai pu faire la différence. Finie la gestion d'un établissement, d'un patient, avec lui a surgi la suprême énigme et j'ai participé à sa résolution. Peut-être ai-je favorisé la publication d'un beau livre blanc sur la prise en charge en France des patients cérébrolésés. Peut-être aussi et surtout ai-je créé, en France, sans véritablement l'avoir voulu et sans que cela me soit attribué, un nouveau protocole de mise en œuvre d'un mode de communication avec les patients en état végétatif chronique.

Ces deux possibilités-là me permettent de conclure au fait que j'aurai participé, même si peu, mais tout de même au-delà de la marge, au progrès de l'humanité.

Mercredi 4 décembre 2019

Je n'ai plus envie d'écrire, mais besoin de finir. Il ne me reste que quelques mois à relater, cela ira vite.

En janvier de cette année, appel téléphonique de Marie. Un an de silence, l'océan entre nous. Elle ne pouvait ignorer l'état dans lequel je me trouvais – lente détérioration de celui dans lequel elle m'avait laissé. Mais c'est à peine si elle a demandé de mes nouvelles. Elle m'appelait, comme si de rien n'était, comme si nous nous étions parlé la semaine précédente. Elle m'a raconté ses succès, à Boston et à Washington, ses conférences à New York, puis a coupé court. Elle sortait d'un colloque pointu sur les fondements de la cognition. Elle s'est contentée de dire :

— Jean-Luc, j'ai trouvé quelqu'un pour toi, qui pourra t'aider. Il est chercheur en neurosciences dans une université américaine. Il est très reconnu en Grande-Bretagne et en Amérique du Nord. Il donne des conférences partout, il a été publié dans *Science* et dans *Nature*, les revues les plus illustres. Il est inconnu en

France, Dieu sait pour quelles raisons. Après des années de recherches, il a inventé un examen qui permet de vérifier l'état de conscience des patients comme Vincent. Il leur fait passer une IRM et, avec un protocole précis, parvient à décoder l'imagerie et à savoir si les réactions cérébrales de la personne traduisent une réponse consciente. Cela paraît incroyable, mais c'est totalement documenté et vérifié. Je lui ai parlé de Vincent et de toi. Ça l'intéresse.

J'ai senti que Marie venait à mon secours, d'outre-Atlantique ou d'outre-tombe, et qu'il fallait que je suive ce chemin. J'ai contacté ce neurologue.

Brian Stampson était un personnage simple et attachant. Totalement britannique. Heureusement, il parlait un français excellent malgré, de temps à autre, une hésitation de vocabulaire dont il s'excusait aussitôt avec cet accent anglais qui donne à notre langue une dignité aristocratique déroutante. Sa maîtrise scientifique du cerveau était manifeste, mais rien, cependant, ne pouvait laisser penser qu'il était ce chercheur de haut vol, invité à la Royal Society de Londres. Il pouvait être tout et son contraire, serveur dans un pub, fonctionnaire de ministère, bassiste d'un groupe de folk.

Il avait prévu un déplacement en Belgique, au Coma Science group de Liège pour des conférences en mars. Il était disponible pour venir à Reims. Ce n'était pas la configuration la plus fiable pour sonder l'état de conscience de Vincent et tenter de connaître ses volontés, car il était difficile d'effectuer toutes les vérifications au cours d'une seule séance d'IRM, mais il était partant et, même, enthousiaste.

— Les patients en état végétatif ou de conscience minimale sont parfois présents, parfois absents, avait-il expliqué. C'est un état étrange. On ne peut exiger d'eux un instant de concentration. Il faut s'imaginer soi-même à moitié endormi, ou sortant d'un rêve le matin. Si une personne vous demande de lui serrer la main, peut-être allez-vous vous exécuter, peut-être pas. Vous entendez l'instruction, mais vous vous assoupissez avant de réagir. Ou encore, vous réagissez, mais vous vous rendormez et ignorez l'instruction suivante.

Ce que décrivait Brian Stampson correspondait parfaitement à mon observation clinique de Vincent et des quelques autres patients de la même unité que je passais voir occasionnellement : une alternance, aléatoire, entre moments de conscience et d'inconscience. La personne peut émerger d'un vide lointain, observer, écouter, avant de sombrer à nouveau dans des profondeurs obscures. Ainsi, ce chercheur faisait-il passer plusieurs examens aux patients en état de conscience minimale, afin de s'assurer que leurs réponses étaient fiables et appropriées.

— Si cela fonctionne, avait-il ajouté, cela permettra de faire reconnaître ce protocole en France. Je suis partant.

Jeudi 5 décembre 2019

Le principe de cette IRM était de stimuler certaines aires cérébrales, et de les observer. Une zone plus active reçoit davantage de sang oxygéné et c'est précisément ce que l'examen peut détecter. Je réfléchis à la manière de décrire ici, le plus simplement possible, la méthode très originale, conçue et expérimentée par Brian et son équipe. Il se branchait, en quelque sorte, sur le cerveau des patients, afin de lire dans leurs pensées. *Lire dans les pensées...*

Pour mettre au point le protocole, il avait demandé à des patients en bonne santé, allongés dans le long tunnel de cet énorme appareil, de focaliser leur attention sur deux actions. La première était : « Imaginez que vous êtes en train de jouer au tennis ». J'avais cru à une mauvaise blague. Or, c'était la réalité : lorsque l'on ferme les yeux et que l'on s'imagine avec une raquette dans la main, en train de frapper une balle, coup droit ou revers, on active dans son cerveau une zone très particulière qui s'appelle le cortex prémoteur. Une aire facilement détectable par l'IRM. La seconde pensée était : « Imaginez-vous en train de vous déplacer dans votre domicile d'une pièce à l'autre, de traverser le couloir, d'ouvrir une porte, d'entrer dans la cuisine puis d'en ressortir. » Le fait de se concentrer sur cette activité faisait réagir une tout autre aire cérébrale, dont le nom m'échappe aujourd'hui.

À partir de là, le protocole devenait simple. La personne examinée était munie d'écouteurs dans son casque antibruit, et Brian énonçait très distinctement ce que le patient devait faire pour répondre oui ou répondre non. Si la réponse à la question posée était oui, le patient devait s'imaginer en train de jouer au tennis. Si la réponse était non, il devait s'imaginer déambuler chez lui. J'étais dubitatif. Très dubitatif. Il m'avait alors montré une vidéo, diffusée à la télévision anglaise, dans laquelle il procédait à l'expérimentation. C'était éloquent. En direct, sur l'écran de l'ordinateur de contrôle de l'IRM, les taches de couleurs crépitaient dans les différentes zones du cerveau du patient, selon les questions posées – et les réponses apportées.

Brian m'avait dit, avec un sourire empreint d'une bienveillante certitude :

— Vous verrez, cela agit sur n'importe qui, même les plus sceptiques. C'est une sensation incroyable, car nous entamons une communication, celle-là même qui était impossible à établir par tous les moyens habituels, auparavant. Nous créons l'interaction. Incroyable, mais vrai. Une personne en état d'éveil sans réponse, peut mobiliser son cerveau. C'est un signe de conscience tout à fait valable. Lorsqu'on demande à un patient de déplacer une main ou un doigt, et qu'on observe une réaction motrice appropriée, on interprète cela comme un signe de conscience. Pourquoi cela serait-il différent en demandant au même patient d'imaginer qu'il joue au tennis ? C'est la même chose, simplement sans geste observable et avec une technologie plus lourde. Mais c'est la même chose : à une demande de stimulus s'ensuit une réaction appropriée.

Vendredi 6 décembre 2019

Après ma visite à Thomas, il y a quelques jours, je suis retourné voir Montchalon.

J'ai pris rendez-vous, en ville, dans son cabinet libéral. Il me fallait mettre un point d'orgue à toutes ces séances. Mon papy, le rossignol, l'enfant unique. À quoi tout cela avait-il rimé ?

Vaste pièce lumineuse, moquette épaisse et claire, fauteuils confortables, nous sommes chez Louis de Montchalon. La particule s'affiche ; le lieu de travail est au niveau de sa condition sociale. Je le dis sans jalousie, j'ai vu sa chevalière, il a vu la mienne, et, au fond, elles se ressemblent.

— Bien sûr que tout cela signifie quelque chose, m'a-t-il dit. Ce passé que vous trimballez influe sur vos décisions et vos actes. Mais ce lien, il vous faut l'établir vous-même. Si je vous l'explique, alors il n'y a plus d'imagination, ni de création, donc aucune possibilité de reconstruction. Idem pour votre journal : vous n'allez pas tout expliquer au lecteur, n'insultez pas son intelligence, laissez-le faire les liens qu'il souhaite. Il mobilisera ses propres souvenirs, ses propres repères et il fera sa tambouille personnelle de tout cela. Ne l'enfermez pas.

Tout en parlant, il caressait lentement, de la paume de la main, le long plateau de chêne de son bureau. On était loin du glacial et miséreux bureau en fer de la salle de consultation psychiatrique de la maison d'arrêt de Reims.

— Vous avez été entraîné dans des théories fumeuses par votre amie... Vous en avez bien conscience, n'est-ce pas ? Je vais vous donner une clé, une théorie très simple, que j'utilise souvent avec mes patients, avec les détenus surtout. C'est l'idée de la juste place. Tous, plus ou moins consciemment, nous mélangeons dans un grand chaudron, le passé familial, les traumas d'enfance, les difficultés du quotidien, l'angoisse de l'avenir. Tout cela résonne, tel un grand vacarme intérieur, que certaines personnes parviennent à maintenir dans une pièce insonorisée, tandis que d'autres se laissent envahir par le tumulte. Alors, je pose cette question : y a-t-il un endroit ou un moment de votre vie où *vous vous êtes senti à votre juste place* ? On a tous vécu ces moments où l'on s'est senti particulièrement en phase, bien dans sa vie. Tous. Ce souvenir, et l'envie éventuelle de le revivre, aident à sortir de la souffrance et mènent à l'apaisement. Alors, je souhaite savoir, Monsieur Bianchi : depuis votre arrivée au CHU de Reims jusqu'à aujourd'hui, y a-t-il un moment où vous vous êtes senti à votre juste place ?

Je lui ai dit que j'avais besoin de temps pour y réfléchir, que cette question m'intéressait. À la vérité, je ne me suis *jamais* véritablement senti à ma juste place, durant cette longue période où j'ai monté des stratagèmes et bravé des interdits. Même dans la chambre n° 6, même en sortant Vincent de l'hôpital. Je me suis fourvoyé, aveuglé par les signaux forts : les vérités assénées par chaque camp, l'hystérie collective, et cette possibilité scientifique de résoudre l'affaire de manière si simple : *faire parler* Vincent Lambert.

Montchalon m'a raccompagné. En me serrant la main, sur le pas de sa porte palière, il a dit :

— Souvenez-vous, lorsque vous avez déclaré : « La mort m'indiffère ». En vérité, vous avez la mort en horreur. Vos mécanismes de défense sont puissants, mais ils ont sauté les uns après les autres autour de cette affaire. Vous avez fait de Vincent Lambert votre frère, ou le fils que vous n'aurez jamais. Vous le savez maintenant : il n'était ni l'un ni l'autre. C'était un être libre.

Lundi 9 décembre 2019

Moment suspendu, ce matin. Rendez-vous avec ma « nouvelle » éditrice. Style opposé à celui de la précédente : petite souris, voix fluette. On devine l'adolescente qu'elle a été, plongée dans les livres, en recherche d'évasion. Mais aucun atermoiement : c'est une œuvre, elle est publiable. Point. Ses défauts font partie de son identité. Elle est un peu déviante, elle ne ressemble pas à ce que l'on connaît. Elle suscitera des controverses – et tant mieux.

L'éditrice accepte ma contrainte : publication au printemps 2024, pas avant. L'histoire, derrière le fait de société, lui plaît. Et le risque juridique, elle le balaye. Il existe deux catégories de personnes dans le monde, me dit-elle : celles qui voient du risque partout et s'en trouvent tétanisées, et celles qui pensent que vivre est un risque, donc autant agir.

Nous discutons ensuite des clauses essentielles, des droits d'auteur et du contrat, qu'elle aimerait me faire signer avant Noël. Elle me demande où en est l'écriture du dernier cahier. Je ne suis pas loin du point final.

Rendez-vous est pris le 20 décembre. C'est un délai court, mais suffisant. Je dois m'organiser pour être efficace.

Tout a une fin, et c'est bien ainsi.

Mardi 10 décembre 2019

L'organisation de l'IRM fonctionnelle avait été d'une complexité extrême, mais j'avais trouvé en moi des ressorts de lucidité et de concentration pour réduire les aléas. Le directeur d'hôpital qui anticipe l'anticipable, pondère l'impondérable. L'examen devait être le plus discret possible, tout en ayant l'air officiel. J'en avais informé Myriam et Maddy, elles étaient enthousiastes. Je voulais éviter de demander l'autorisation à Rachel, mais Myriam m'avait sermonné : « C'est l'épouse, la tutrice, on n'a pas le choix ». Je craignais une réponse négative, le refus par peur du résultat, par lassitude. Je me trompais. Elle avait dit : « Il faut tenter, car il n'y a rien à craindre. Soit vous ne verrez rien et ce sera une preuve supplémentaire, soit il sera capable de donner des signes de réponse et il indiquera qu'il ne veut pas rester parmi nous ». Sa confiance m'avait impressionné.

J'avais planifié l'examen en soirée. Le docteur Garnier commençait très tôt ses journées pour les achever en milieu d'après-midi. Le service de nuit était toujours restreint, nous pourrions ainsi passer inaperçus. À l'égard de Brian Stampson, l'argument était le suivant : le planning du scanner est surchargé en journée, seul le soir laisse un créneau suffisant.

Autre difficulté : il fallait transférer Vincent de l'hôpital Sébastopol vers le bâtiment Maison Blanche. Nous nous étions organisés le plus discrètement possible, avec

Myriam et Philippe. Rachel n'avait pas souhaité être présente. Elle autorisait, mais ne participait pas.

La manipulatrice radio, proche de Maddy, avait préparé Vincent, casque antibruit et bobine de crâne. Puis, le corps inerte, réchauffé par une couverture, était entré lentement dans l'énorme sarcophage.

Les premières images du cerveau de Vincent apparaissent sur le moniteur. Brian pointe les lésions :

— Elles sont terribles. Le cerveau est fortement endommagé. Il n'est pas certain que nous puissions obtenir des résultats exploitables.

Dans la salle du scanner résonnent les bruits assourdissants de l'aimant, comme dans une forge, comme dans les couloirs d'une mine de charbon, comme en enfer. Face à l'écran, Brian Stampson explique le cerveau de Vincent Lambert sous différents angles :

— Il est essentiel de savoir que, si un patient en état végétatif dispose d'une conscience suffisante pour comprendre les questions et ordonner sa pensée afin d'y répondre, il apportera des réponses claires à certaines questions et des réponses non interprétables à d'autres. Il faut donc lui en poser plusieurs, pour savoir s'il est bien présent et si les schémas d'activité cérébrale observés constituent des réponses conscientes. C'est notamment la raison pour laquelle nous ne posons jamais les questions les plus fondamentales lors de la première IRM.

Le chercheur insiste sur cette dernière phrase. Pas de question fatidique ce soir.

— Il faut aussi garder à l'esprit, ajoute-t-il, qu'un patient dans cet état peut n'émerger de sa zone d'ombre que quelques minutes, pour y replonger aussitôt. Cette activation cérébrale peut le fatiguer ; il peut s'assoupir au milieu de l'examen.

Une caméra infrarouge, posée au niveau des yeux de

Vincent, permet de vérifier s'ils sont ouverts ou fermés. La liste des questions est prête. Maddy rappelle d'abord lentement les instructions, sa bouche touchant presque le micro :

— Vincent, concentrez-vous bien. Si la réponse à la question est oui, imaginez-vous en train de jouer au tennis, raquette à la main, en train de taper dans la balle. Jouer au tennis. Si la réponse est non, alors imaginez que vous vous trouvez chez vous, à la maison, en train d'ouvrir des portes et de passer d'une pièce à l'autre.

Elle répète la directive : réponse affirmative, jouer au tennis ; réponse négative, déambuler chez soi. Les yeux de Vincent sont parfaitement ouverts, ils bougent beaucoup. Je me demande s'il n'est pas apeuré. Avec son stylo, Brian désigne, sur l'écran, les zones spécifiques du cerveau de Vincent qui devraient s'activer selon les réponses données. L'examen commence.

Dans un silence pesant, Maddy pose la première question :

— Votre femme s'appelle-t-elle Stéphanie ?

Maddy répète la question, puis indique une nouvelle fois les consignes : « Si la réponse est oui, Vincent, imaginez-vous en train de jouer au tennis ; si la réponse est non, imaginez que vous marchez dans votre maison ».

Nous retenons notre souffle. Quelques pigments de couleur apparaissent çà et là sur la modélisation en plan et en coupe du cerveau de Vincent – mais rien de significatif. Au bout d'une interminable minute, une tache plus nette, rouge orangé, se forme dans une zone précise, cette zone que Brian a désignée du bout de son crayon comme la zone de réponse « non ». Instant fascinant. La tache est très nette, beaucoup plus colorée que les autres. Une activité cérébrale précise est à l'œuvre, exactement dans la zone invoquée par Brian. Myriam s'exclame : « Ben ça alors ! »

et Maddy plaque ses mains devant sa bouche. Brian sourit, un peu ému, et me regarde de son air britannique, patient et rieur, l'air de dire : « Tu vois, je te l'avais bien dit, l'effet est incroyable ». Il émet néanmoins une réserve : une seule question et une seule réponse ne sont pas significatives. De plus, il ne faut pas traîner, car la concentration des patients en état végétatif est de très courte durée. Maddy reprend le micro et pose la deuxième question :

— Votre femme s'appelle-t-elle Rachel ? Le prénom de votre femme est-il Rachel ?

À nouveau, quelques longues secondes, puis des taches très nettes, ces mêmes couleurs orange et rouge vif qui apparaissent dans un autre coin de l'écran, à l'avant du crâne de Vincent. La zone présentée par Brian comme le cortex prémoteur, aire de l'activité physique et sportive : la zone du « oui ». Mêmes réactions de l'assistance : impossible de réprimer nos exclamations de surprise. La communication avec Vincent est établie, il est là, il entend, il comprend – il *répond* !

Maddy poursuit :

— Avez-vous un enfant ?

La zone du oui s'éclaire rapidement. Le doute n'est plus permis, il ne peut s'agir de coïncidences. Brian précise que les réponses claires et rapides signifient que Vincent est très concentré. Il faut en profiter, nous pouvons tenter des questions supplémentaires. Maddy demande :

— Votre enfant est-il un garçon ?

La zone du non s'active. Chaque seconde est magique, miraculeuse.

— Votre fille s'appelle-t-elle Clémence ?

La zone du « oui » s'allume plus rapidement encore, avec une intensité plus marquée : une affirmation forte, un oui d'émotion, un oui d'amour, sans doute.

Les bobines des gradients émettent toujours leur terrible

bruit de forge. Le temps passe, nous risquons de lasser Vincent et de le voir retomber dans sa zone d'ombre à tout moment. Il nous faut poser une dernière question. Maddy lui demande :

— Vincent, avez-vous mal, est-ce que vous souffrez ?

Des taches apparaissent simultanément, à différents endroits, dans les zones du oui et du non, et ailleurs. L'activité cérébrale est impossible à décoder.

Brian explique que la réponse à cette question est plus difficile, car inconstante, variable. Peut-être Vincent ne souhaite-t-il pas répondre, ou réfléchit-il à la question ? Ou est-il en train de s'endormir ? Impossible à savoir. Nous répétons une dernière fois la question, et constatons la même confusion dans le cerveau de Vincent.

L'examen est terminé. Nous éteignons la machine et sortons le patient avec précaution. À cette dernière question, Vincent n'a pas répondu.

Mercredi 11 décembre 2019

Je ne te demande pas ton pays ta religion.
Tu souffres cela suffit.
Tu m'appartiens je te soulagerai.
Louis Pasteur

De 2014 à 2019, je suis passé tous les jours devant cette phrase, inscrite sur la plaque du porche d'entrée de l'hôpital Maison Blanche.

À la fin de l'IRM, alors que je m'apprête à raccompagner Brian à la gare, il s'arrête sous le porche et me dit :

— Lorsqu'on regarde l'affaire Lambert de l'extérieur, de l'étranger, avec une autre culture, on comprend mieux où se situe le problème.

Il désigne la phrase de Pasteur :

— Vous devez connaître cette citation puisque vous passez devant tous les jours. Elle est étrange et dit beaucoup de choses. Elle commence bien et finit mal. Si elle semble parler d'universalisme, elle fait avant tout référence à la toute-puissance du médecin. Certes, c'était au XIXe siècle, mais c'est révélateur de la manière dont les choses sont conçues encore aujourd'hui, chez vous, en France. Une relation asymétrique, de dépendance totale. Le patient ne s'appartient plus, ce n'est plus lui qui décide – c'est le médecin. Le patient est une pathologie qui doit être traitée. Cela ne choque personne, en France ; pourtant d'autres conceptions existent où la médecine consiste à soigner les individus dans le respect de leur culture et de leur autonomie.

Il parle sans animosité, avec bienveillance.

— Finalement, la question fondamentale n'est-elle pas : qu'est-ce qu'un soin ? Votre loi donne au médecin le pouvoir exclusif de décider de l'arrêt des traitements, de prendre *la* décision. Il dit au patient : « Tu m'appartiens ; je te fais subir un acharnement thérapeutique, donc, pour te soulager, j'arrête le traitement ». Où se trouve la volonté individuelle du patient ? Ces patients dits végétatifs ont peut-être la conscience de dire s'ils veulent continuer à vivre ainsi, ou non. S'ils n'en ont pas envie, alors c'est un débat de société : pouvoir ou pas leur dire « D'accord, on arrête », débat très profond.

Jeudi 12 décembre 2019

Je tombe le 30 mars. Je n'ai rien compris, rien vu venir. Le directeur de l'ARS, le Phasme, entre dans mon bureau un après-midi, sans rendez-vous. Il me surprend dans mon pire état. Il me notifie un courrier. Remis en main propre contre signature. Je signe. C'est un arrêté de suspension. Je suis suspendu de mes fonctions à effet immédiat le temps d'une procédure pénale, déjà en cours. Sur cet arrêté, tout est écrit : management délétère, addiction, état de santé incompatible avec l'exercice des fonctions. Et surtout : indices graves et concordants rendant vraisemblable ma participation aux délits et crimes de séquestration, exercice illégal de la médecine, et administration de substance nuisible.

Je conserve mon logement de fonction pour le moment, mais il m'est fait interdiction de me rendre à l'hôpital. Je parcours l'arrêté en diagonale, sans comprendre. Je suis pris de sueurs froides et, surtout, je réalise à cet instant l'anéantissement sans doute définitif de ma réputation – ce capital patiemment bâti au terme de plus de trente années d'une carrière sans accroc.

Le Phasme, visage fermé, concentré, m'invite à prendre mes affaires et à le suivre à l'extérieur de l'hôpital. Je m'exécute, escorté par plusieurs agents de l'ARS, sans doute venus en qualité de témoins ou pour éviter l'esclandre. Quel esclandre ? Dans mon brouillard d'alcool, je ne suis capable de rien. Je sors de mon bureau, mon regard croise celui de Véronique, ma secrétaire, je comprends qu'elle sait. Elle est désolée, ses yeux sont humides, mais elle n'a rien dit.

Durant ces minutes au cours desquelles je traverse les couloirs, le hall et le parterre de jardins de l'hôpital Maison Blanche, je réalise, abasourdi, que tout le monde sait et que personne ne m'a soutenu. Le hall est plein : les gens sont venus assister à ma déchéance. Pas un mot, pas un geste de soutien. Parfois, un regard que j'interprète comme un regret de ce qui m'arrive, rien de plus. C'est ainsi, lentement, devant tout le monde, personnel médical et paramédical, malades, familles, que je me dirige vers la rue, tel un cercueil sortant de l'église au son de l'orgue majestueux.

Et en passant sous le porche, là où sont gravés les mots de Pasteur, je vois une foule agitée. Des flashs crépitent, des caméras s'approchent, des micros se tendent. J'étais annoncé, tout avait été orchestré. Le directeur de l'ARS se tourne vers moi et me scrute ; son regard malin guette mes réactions, tandis que sa bouche s'entrouvre dans un sourire vengeur et satisfait.

Vendredi 13 décembre 2019

Dans les jours qui suivent, terrible contraste entre le silence absolu qui m'entoure et l'assourdissante fureur des médias. Les gros titres, « *Affaire Vincent Lambert – le directeur général du CHU de Reims suspendu de ses fonctions* », les bandeaux défilant sur les chaînes d'infos, la répétition épileptique des images de ma sortie de l'hôpital, hagard, sous escorte, devant les caméras.

Pas un mot de la part de mes collègues, de ceux qui m'estimaient, pas une réaction de Sabine ou de Marie. Aucun message, aucune visite, pas un appel. Rien non plus venant de Thomas. Les médias avaient annoncé, en même temps que ma suspension, sa nomination au poste de directeur général par intérim. Lui aussi savait. Peut-être, au moment où je traversais le porche sous le feu roulant des flashs, était-il déjà dans mon bureau, se hâtant de décrocher mon affiche, emballer mes deux photos, vider mes meubles des cadavres de bouteilles – ce qui ne le surprendrait pas.

Ces souvenirs ne sont que douleur, je ne m'étendrai pas. Je suis sorti, libre désormais, je respire. Mon procès est à venir, mais je veux revivre, penser à autre chose.

Je m'accroche à l'idée que mes parents n'étaient plus de ce monde pour assister au désastre.

Je terminerai rapidement par ceci. Un mois après ma suspension, je suis convoqué devant un juge d'instruction : interrogatoire de première comparution et mise en examen. Puis, quelques semaines plus tard, conseil de discipline. Douze personnes face à moi, surinvesties dans leur mission divine de faire le bien en m'écartant définitivement de l'Hôpital Public français, souillé par mes fautes. Décision de mise à la retraite d'office, à effet immédiat. Je ne conteste rien, je ne me défends pas.

Placé sous contrôle judiciaire avec défense d'entrer en relation avec l'ensemble du personnel administratif et soignant du CHU de Reims. Et interdiction de paraître dans l'enceinte de l'établissement.

Le gouffre est profond.

Dans ces mêmes semaines, fin avril, le Conseil d'État rend sa décision : il entérine le jugement du tribunal administratif. Il valide la décision du docteur Garnier. L'arrêt définitif des traitements de Vincent n'est plus qu'une question de semaines, peut-être de jours.

Samedi 14 décembre 2019

Je reste cloîtré dans mon salon, volets fermés, lumière éteinte, télé allumée. Pas de frère et sœur, pas d'enfant, plus d'épouse, plus d'amante, plus de parents, plus de collègues ni de subordonnés. Au-dehors, le vacarme et la fureur médiatiques. Et ces mots, désormais accolés à mon nom : séquestration, exercice illégal de la médecine, administration de substance nuisible. Je suis résumé à cela. Je ne sais plus quoi faire de ma terreur. Je vois mon nom et me demande qui je suis. Mon destin est broyé, concassé par une machine toute-puissante.

Dans cet environnement brumeux, j'assiste à la lutte acharnée des parents Lambert. Recours et saisines tous azimuts : juge des tutelles à nouveau, tribunal administratif de Paris, et enfin, le Comité international pour les droits des personnes handicapées. Ils en avaient eu l'idée, ô combien tardive ! Abus de droit manifeste, avec pour objectif unique de retarder l'échéance. Sans égard aucun pour Vincent, réifié – corps que l'on branche, que l'on débranche, que l'on rebranche.

Le comité de l'ONU est saisi. Il demande à la France de suspendre l'arrêt des traitements ! Le gouvernement répond par la négative : le droit de Vincent de ne pas subir d'obstination déraisonnable s'oppose à ce que la France accède à la demande du comité.

Le docteur Garnier annonce l'arrêt des traitements de Vincent pour le 20 mai au matin.

Rester dans mon antre, jouer à l'ermite, à quelques centaines de mètres de la chambre n°6, alors que le processus d'arrêt des traitements va reprendre de manière imminente, me devient insupportable. Je n'ai plus rien à faire à Reims.

Je pars, claque la porte derrière moi. Une petite valise, direction Paris, notre pied-à-terre, que Sabine m'a laissé lors du divorce – un nouveau chez-moi peut-être.

Le jour de l'annonce, les avocats de Viviane Lambert déposent un recours en voie de fait devant le tribunal de grande instance de Paris, afin que la France respecte la demande du comité. Recours rejeté le jour-même. Ils font appel.

Le 21 mai, nouveau *jour le plus long*.

Je tourne en rond dans mes trente mètres carrés, autant que dans les trois cents de mon précédent domicile. J'attends.

Je vois des images en direct à la télévision : un rassemblement de tous les soutiens et sympathisants des parents Lambert se forme, place Saint-Sulpice. J'ignore encore les raisons pour lesquelles, dans un sursaut, je me décide. Ils sont à quelques stations de métro de mon appartement, je n'ai rien de mieux à faire. Je ne les comprends plus, mais peut-être y a-t-il encore quelque chose à comprendre ? Je m'achète une casquette et chausse mes lunettes de soleil. Je rejoins la place et m'installe bien en retrait, à une terrasse de café.

Fasciné, j'assiste des heures durant, jusqu'à la nuit, à un spectacle nauséeux.

Au départ, les quelques centaines de personnes, la plupart assises en tailleur, demeurent calmes. Des chants bienveillants, aux accents religieux, émergent de temps à autre. Les journalistes gravitent autour, caméra à l'épaule ou micro à la main. Les avocats sont absents : ils plaident le dossier à la Cour d'appel.

Le temps passe, la nuit tombe peu à peu. Quelques projecteurs éclairent une estrade. Une question lancinante occupe mon esprit : qui, parmi ces gens, est *sincèrement* intentionné ? Nombreux sont ceux qui se laissent porter par les directives de meneurs qui, tels des chauffeurs de salle, proposent d'un geste, à la foule attentive, de lever le pouce. Je tarde à comprendre, puis saisis la symbolique : le pouce levé, à la manière de Ponce Pilate. La vie sauve ou la mise à mort. Tel est le langage.

Les avocats arrivent vers vingt et une heures. Le ton

monte immédiatement. La foule se transforme. Excitation, clameur, applaudissements, sifflets d'admiration. Ce sont des stars, des sauveurs… Ou des gladiateurs ! Et ils y prennent un plaisir manifeste.

Mais qui suis-je pour critiquer la perte de lucidité et le manque de recul ? Au fond, je les comprends, je suis passé par là, ils sont pris du même vertige que celui qui m'a envahi lorsque j'ai plongé dans cette affaire.

La décision de la Cour d'appel de Paris est annoncée pour vingt-deux heures. L'ambiance devient électrique. Tout se fige et s'enfièvre.

Soudain, vers vingt-deux heures trente, clameurs et mouvement de foule. Des cameramen allument fébrilement leurs projecteurs. Les manifestants se redressent et des centaines de pouces se lèvent vers le ciel. La Cour d'appel de Paris ordonne la reprise des traitements.

Appareils photos et caméras se braquent sur le visage des deux avocats. La lumière les enivre. Au micro, l'un d'eux vocifère : « Vincent va vivre ! Vincent vivra ! »

Au cœur de cette nuit de printemps, la foule, en liesse, saute, danse, pousse des cris de joie, brandit pancartes et banderoles, trépigne et scande : « On a gagné ! On a gagné ! »

Le second avocat est juché sur les épaules des manifestants tel le héros victorieux. Hilare, brinquebalé, touché, félicité, célébré, il crie, dans les micros, à la « *remontada* ».

J'assiste au spectacle, en état de sidération. Puis je m'échappe, épouvanté.

Ces images tournent en boucle sur ma télévision. Dix fois, cent fois, durant la nuit, je les regarde, je les rumine. Ma torpeur se transforme en rage. L'intime conviction de Jérôme Garnier, les sereines certitudes de Rachel Lambert, tout se mélange dans mon esprit. L'énergie du combattant me reprend. Vincent va être rebranché dans les prochaines heures. C'est l'ultime chance.

Il faut que je retourne à Reims et que je tente, une dernière fois, de recueillir sa parole. *Il le faut.*

Dimanche 15 décembre 2019

Ce plan, imaginé dans les jours suivants par un esprit embrumé par l'alcool, conçu minute par minute jusqu'à l'obsession, devient pour moi un impératif catégorique. Ce moment sera l'explication définitive, la clé de tout.

L'ultime manœuvre est longue à préparer, car je sais que j'enfreins mon contrôle judiciaire. Il me faut recontacter Myriam, Maddy et Philippe, et, surtout, prendre le temps de les convaincre. Je m'y emploie patiemment, avec toute la force de conviction qui me caractérise.

À la suite de l'arrêt de la Cour d'appel de Paris, le gouvernement forme un pourvoi en cassation. L'audience et l'arrêt peuvent tomber à tout moment. Les médias parlent d'un mois environ. Il faut intervenir avant le 20 juin. Chaque jour compte.

C'est finalement Maddy qui décide ses collègues, en affirmant : « De toute façon, notre vie est liée à celle de Vincent. Il faut aller jusqu'au bout, et, même si ce n'est pas légal, nous pourrons au moins affirmer que c'était moral. C'est maintenant ou jamais ».

C'est ainsi qu'avec Myriam, Maddy et Philippe, nous organisons et réalisons un deuxième examen d'IRM pour Vincent. En toute clandestinité. En toute illégalité. La manip radio, amie de Maddy, suit le mouvement. Elle est curieuse et, comme nous tous, écœurée par la nuit du 21 mai. Pour elle, c'est une question de justice. Elle appréhende l'absence de pilotage d'un médecin pour un tel examen, mais se sent capable d'y procéder.

Dimanche 16 juin, 23 heures. Philippe s'engouffre, seul, dans une ambulance de Maison Blanche. Il me récupère dans une ruelle calme de Reims. Je me change dans l'ambulance – blouse, masque, charlotte – et reste à l'arrière. À Sébastopol, Philippe récupère Vincent et Maddy. Retour à Maison Blanche. Je sors de l'ambulance, toujours masqué, et entre ainsi sans être reconnu.

Nous sommes tendus, fatigués. Mais concentrés. Chaque seconde compte. Nous installons Vincent dans la machine. Mêmes gestes que la première fois. Ses pieds, recouverts de chaussettes épaisses, dépassent du sarcophage. Le vrombissement infernal de la machine semble résonner à des kilomètres à la ronde. J'envoie Philippe faire le guet à l'entrée du service de radiologie. Nous savons que le risque est élevé, mais l'échec de la fin du premier examen nous taraude. Il faut s'assurer de l'état de conscience et de concentration de Vincent sans l'épuiser avec des questions secondaires. Ses yeux sont ouverts et agités, comme la première fois. Il attend.

Nous sommes fébriles, moites. Il fait chaud. Notre cœur bat fort.

Maddy se prépare à poser l'ultime question. L'interrogation métaphysique absolue. Nous avons préparé une manière de la verbaliser : *« Vincent, nous devons maintenant vous poser la question la plus importante, pour vous et ceux qui vous entourent. Soyez bien concentré Vincent : il faut nous dire si vous voulez mourir. Voulez-vous arrêter de vivre ainsi ? Voulez-vous qu'on arrête vos traitements ? »*

Au moment où Maddy s'approche du micro, mon téléphone sonne. C'est Philippe, paniqué : « Monsieur le directeur, je suis à la fenêtre dans le hall du service, Monsieur Keller remonte les jardins vers l'entrée principale, accompagné de deux policiers ». La voix de ce grand gaillard joyeux tremble de peur.

En un éclair, je pense à la seule solution possible. Je réponds à Philippe : « Reviens vite, je vais moi-même à la rencontre de Thomas ». Cet examen doit se tenir. Il faut retarder l'arrivée de Thomas. Je dis à Maddy et Myriam de poser la question, en prenant le temps qu'il faudra.

Je me précipite à l'extérieur de la salle et cours dans les couloirs. Dans un éclair de lucidité, je songe qu'il me faut donner à Thomas l'impression que je sors de mon ancien bureau et non pas du service de radiologie.

Je dévale les escaliers, côté direction générale et tombe nez à nez avec les deux officiers de police. Thomas, les manches retroussées et les mains dans les poches, reste en retrait, la mine sombre. Il ne m'adresse pas la parole. L'un des deux policiers m'interpelle :

— Monsieur Bianchi, que faites-vous dans ce bâtiment ?

— Je venais chercher des affaires dans mon bureau.

— Ce n'est plus votre bureau.

Son collègue renchérit :

— Vous avez interdiction de pénétrer dans ce bâtiment, vous venez d'enfreindre votre contrôle judiciaire.

— Vous êtes placé en garde à vue, reprend le premier. Il est 23 h 47, vous avez le droit de garder le silence, d'appeler un proche et de faire appel à un avocat.

Je n'ai d'autre choix que de les suivre ; Thomas nous emboîte le pas. Je tombe, de plus en plus bas. Mais je suis soulagé : l'IRM de Vincent peut se poursuivre normalement.

Ainsi s'achève le récit de ma gestion de l'affaire Lambert. Je suis sorti de mon hôpital, escorté de deux officiers de police judiciaire. Marchant vers mon destin brisé, au fond de l'abîme.

Lundi 16 décembre 2019

Ce matin, j'ai revu mon avocate, à son cabinet, rue de Rivoli. Bureau à son image, élégant et exact. Nous avons bavardé. Je lui ai annoncé que je partais demain vers Freyming, puis Reims, avant de rentrer vendredi après-midi à Paris : j'ai rendez-vous avec mon éditrice, pour lui remettre ce dernier cahier.

Je lui ai reparlé de la seconde IRM, lors de laquelle, je le sais maintenant, Vincent a dit « Oui, je veux mourir ». Maddy, via Muriel, l'infirmière de la maison d'arrêt, m'a transmis cette information il y a plusieurs mois – *il a dit oui !* J'ai vécu cette annonce comme une victoire. J'avais obtenu la preuve matérielle : l'expression actuelle de sa volonté.

Mais au fond, avec le recul, après les commentaires de Montchalon, quelle était la valeur de cette expression ? Julie Simon-dit-Roy a écarté toute possibilité de construire une défense autour de cet axe :

— Le résultat de cet examen aurait-il suffi à convaincre les parents ? a-t-elle demandé. Bien sûr que non ! Ils auraient contesté chaque étape de l'IRM, chaque seconde de son déroulement, la méthodologie, les biais, pour réduire à néant la validité de la réponse et poursuivre le même acharnement judiciaire.

Elle a réfléchi un instant, à la manière d'une enquêtrice listant mentalement ses hypothèses.

— Mais ne nous faisons pas d'illusion ! a-t-elle poursuivi. Si Vincent avait dit : « Non, je ne veux pas mourir », tout le corps médical favorable à l'arrêt des traitements aurait crié au scandale, au protocole fantaisiste, à la méthode employée, controversée, à l'absence de transparence. Et tous auraient eu raison. Au milieu de cette nouvelle tempête, les victimes, toujours les mêmes : Vincent, corps inerte instrumentalisé, Rachel, encore et toujours remise en question, et Clémence, grandissant au milieu d'une perpétuelle guerre des contraires. Car, pardonnez-moi de vous le dire ainsi, Monsieur Bianchi : faire parler Vincent, c'est douter de la parole de Rachel.

J'ai retrouvé chez mon avocate le même niveau de concentration que chez Montchalon, lors de notre dernière séance. Le besoin de structurer une démonstration :

— Je ne vous apprendrai rien en affirmant que vous étiez dans une fuite en avant. Vous recherchiez la facilité. Il est reposant, pour le cerveau humain, de considérer le monde et ses problèmes de façon binaire : oui – non, vrai – faux, bien – mal. Plus le problème est complexe – et l'affaire Vincent Lambert relève de l'inextricable – plus l'homme est attiré par la solution simpliste : elle le rassure. Savoir qui a raison, qui a tort. Mais le monde et la vie sont ainsi faits que le binaire n'est qu'informatique. L'humain est dans la nuance, l'incertain. C'est la culture du doute. Tout est là. Peu importe, en définitive, le résultat de cet examen. La clé de cette affaire, c'est l'intime conviction. Je partage la vision de votre psychiatre : Rachel est d'autant plus digne de confiance dans sa conviction qu'elle ne l'a pas affirmée d'emblée et d'autorité.

Julie a achevé son propos d'une phrase, avec ce sourire bienveillant qui m'avait apaisé plus d'une fois dans le parloir de la maison d'arrêt :

— Heureux les gens qui doutent, honnis ceux qui décrètent.

Mardi 17 décembre 2019

Je parviens à l'épilogue, mais il manque un raccord, une couture, pour boucler cette boucle.

La nuit du 16 juin, assis à l'arrière d'une voiture de police, sirènes hurlantes, gyrophare inondant de bleu les bâtiments avoisinants. Le local de garde à vue. La présentation, le lendemain, menotté et sous escorte, devant le juge des libertés et de la détention. Les nuées à mon entrée au palais de justice de Reims, le brouhaha, à nouveau des flashs qui crépitent. Les réquisitions du procureur qui demande la révocation du contrôle judiciaire. J'ai enfreint cette mesure de confiance, les conséquences sont logiques, la réponse de la justice unique : placement en détention provisoire.

Le juge prend peu de temps pour délibérer. Trois minutes et je repars avec les lourdes menottes, la même escorte, sous les mêmes nuées de flashs et de caméras, dans la même voiture au gyrophare bleu, vers la maison d'arrêt de Reims.

Le choc de l'incarcération, les portes métalliques qui se referment derrière moi, ma vue qui se brouille, des gémissements qui sortent involontairement de ma gorge. La fouille, le quartier des arrivants. Mon état de délabrement absolu. Les médicaments donnés par le psy, qui me parle comme au bout d'un tunnel. Encore des portes métalliques qui s'ouvrent et se ferment, des clés qui se tournent. Voilà mes souvenirs.

Au milieu, quelques images des médias qui annoncent l'arrêt de l'assemblée plénière de la Cour de cassation, le 28 juin à dix-sept heures.

Cassation de l'arrêt de la Cour d'appel de Paris. Le docteur Garnier peut reprendre le processus de fin de vie. Plus rien ne s'y oppose, désormais. Les parents Lambert annoncent abandonner tout recours.

Vincent a-t-il entendu l'ultime question ? Le cas échéant, y a-t-il répondu ?

Je suis sous médicaments, échoué. Les jours passent, je suis sur ma paillasse – une épave. À la deuxième séance,

Montchalon renforce les doses, et me tend un stylo. Il me propose d'écrire quelques mots, je le regarde ébahi, sans comprendre.

La semaine suivante, le jeudi 4 juillet 2019, il me tend un cahier.

Aujourd'hui, c'est mon anniversaire. Je suis né il y a soixante ans. Je suis à la retraite, je n'ai pas d'enfants, aucune famille, plus personne. Pas d'amis. J'ai besoin de l'écrire, tel quel. Mais ça va. J'ai soixante ans aujourd'hui.

J'ai rendu visite à mes parents et à Michel. C'est beau, un cimetière en pente, comme un amphithéâtre romain : les morts observent, du haut en bas de la colline, une scène inexistante. Ils peuvent y projeter le spectacle de leur vie, ou de leur éternité.

Je me suis rendu sur leur tombe. Je l'ai nettoyée. Avec la même éponge et le même produit qu'à Reims. J'ai senti la même odeur de propreté. Sur la pierre tombale est inscrit : *Michel Bianchi – 1955*, en dessous *Francesco Bianchi – 1930-2017*, puis *Irena Bianchi née Borkowska – 1933-2018*. Les lettres sont étincelantes désormais.

Je n'ai pas été un bon fils, accaparé par ma carrière, mes ambitions. Ils ont dû m'attendre si souvent, si longtemps...

Ce journal est mon bilan. Il raconte notre vie, ce qui a été et ce qui aurait pu être. Je me suis excusé. D'avoir été froid, distant, méprisant, indifférent, gestionnaire, égoïste. Vous avez été formidables, vous dormez là, au chaud de la terre. Et je vous aime.

Thomas Keller m'a appelé. À son tour, il m'a souhaité bon anniversaire. En guise de cadeau, il m'a rendu le service que je lui avais demandé : Joséphа Luciani a été admise hier au service d'oncologie médicale du CHU de Reims. Elle a été examinée par le chef de pôle, un protocole innovant d'immunothérapie est mis en place. Elle sera bien prise en charge. Je suis content.

Sabine, tu as disparu, je le respecte et ne te chercherai pas. Je t'espère heureuse.

Mercredi 18 décembre 2019

Ce matin, parloir. Oui, j'ai voulu retourner dans ce lieu de ma déchéance. Une dernière chose à accomplir, un dernier message à faire passer. Peut-être aussi un adieu au bâtiment, ses odeurs et sa fureur ; le revoir en homme libre, observer cette cour d'honneur, ces hauts murs, ces barreaux, pour mieux les chasser de ma mémoire.

Parloir, avec José Luciani.

Nous nous sommes remerciés pour les services rendus. Sa mère est apaisée, les premiers effets de l'immunothérapie se feront bientôt sentir, il est soulagé.

Je lui ai demandé un dernier service, qui ne lui coûte rien. Transmettre un message simple à l'infirmière, Muriel Tarrey. Lui dire de ma part : « *Moïse 20:12:8* ». Elle ne comprendra pas, mais elle saura à qui le répéter.

Le message passera, Luciani s'y engage – parole de Corse.

Jeudi 19 décembre 2019

J'ai souvent songé à la petite Clémence Lambert, élevée en responsabilité, loin de la furie médiatique et malgré la douleur. Il y a cinq ans, je l'avais vue à l'une ou l'autre reprise, cheveux noirs de son père et robe à fleurs, courant dans les couloirs de l'hôpital en faisant claquer ses sandales.

En 2024, elle aura seize, dix-sept ans. Je l'imagine vive, curieuse, ouverte sur le monde. Peut-être traversera-t-elle cette période de la vie où elle jugera sa mère excessivement protectrice ou insuffisamment compréhensive. Après tout, elle est la fille de son père.

Elle se forgera son opinion. J'ai pensé m'adresser à elle, directement, dans cette péroraison. J'ai tourné des phrases dans ma tête, j'ai songé à lui écrire une lettre ouverte. Mais dans quel but ? Pour orienter son regard sur mes agissements ? Pour solliciter son pardon, ou sa bénédiction ? Cela n'a aucun sens. La contradiction avec tout ce que j'ai compris et relaté dans ces pages serait trop forte. Je lui souhaite d'être libre de penser – comme son père.

Je termine par ceci.

À la question de Montchalon : « Vous êtes-vous senti un jour à votre juste place, en ce monde ? », j'ai désormais la réponse : oui, maintenant.

J'ai été jugé, jaugé, invectivé, raillé, condamné, cloué. J'ai rempli mon rôle d'animal du grand jour de l'expiation. J'ai été blessé, j'ai souffert, saigné, crié. Le sang a coulé sur mon visage, mes habits, ma paillasse, et sur l'affaire Vincent Lambert tout entière. Mais j'ai expié – et tout est pardonné. Je ne suis plus en colère. C'était mon rôle social, je l'ai porté superbement. Et pendant que je l'endossais, j'écrivais. Et cet écrit, dans son achèvement, tel qu'il progresse à l'instant présent sous ma plume, est ma juste place en ce monde, car il est ma trace laissée sur Terre.

Vendredi 20 décembre 2019

Il est huit heures du matin, j'attends. L'aube est glacée. L'humidité du tapis de feuilles transperce les semelles de mes chaussures. Mais je suis bien couvert, je n'ai pas froid. J'attends.

Ils arrivent. Je les vois de loin, ils me font signe. Ils s'avancent tous les trois et me rejoignent, sur l'Observatoire du mont Sinaï.

Nous sommes émus de nous revoir. Ils s'enquièrent de ma santé, s'inquiètent de ce que j'ai vécu. Je les rassure et les remercie pour tout. Je les assure, avec une émotion sincère, de l'affection que je leur porte, de ma gratitude pour leur dévouement et leur courage.

Maddy raconte le déroulement de l'IRM.

Après mon départ précipité, elle a fermé les yeux et calmé sa respiration. Puis, elle a tranquillement posé à Vincent l'ultime question : « Vincent, souhaitez-vous que l'on arrête vos traitements ? Voulez-vous mourir ? »

Absence de réaction. Réitération de la question : « Vincent, voulez-vous mourir ? »

Et soudain, sur l'écran, les couleurs chaudes, jaune, orange, rouge, qui s'embrasent dans la zone du *oui*. C'est l'effervescence, dans cette zone cérébrale ! Vincent est présent et il répond avec conviction, évidence et simplicité : « Oui ».

Le silence retombe dans la cabine. Les trois amis demeurent un moment immobiles, muets, devant l'écran redevenu noir.

Il faut faire vite, ne pas s'alanguir dans l'émotion. Philippe sort Vincent du scanner, le replace dans son fauteuil et s'échappe du service par un autre couloir. Sans être vu de quiconque, il le ramène à Sébastopol.

Myriam achève le récit par leur audition au commissariat. Tous trois ont gardé le silence sur ce deuxième examen. Je leur en serai éternellement reconnaissant.

Maddy me tend la main. Dans sa paume, un objet. Je le reconnais. Une clé USB gravée d'un pêcheur et de deux palmiers... L'examen y est enregistré intégralement. Les couleurs qui crépitent dans la zone du « Oui » y sont consignées.

— Elle est à vous, Monsieur le directeur, me dit-elle.

Non, elle n'est pas à moi. Cet objet que je serre dans ma main, le contenant de l'ultime parole de Vincent, revient naturellement à son épouse. C'est à elle qu'il s'est adressé.

Avant de quitter définitivement Reims et la Champagne, avant de regagner Paris et me décharger du présent cahier auprès de mon éditrice, je dépose cette relique chez l'avocat de Rachel Lambert.

Vincent Lambert est mort ; sa voix résonne encore.

*

Notes finales et remerciements

Sont ici listées les sources documentaires sur lesquelles je me suis appuyé :

– Rachel Lambert, *Vincent, parce que je l'aime, je veux le laisser partir*, Editions Fayard, 2014
– Éric Kariger, *Ma vérité sur l'affaire Vincent Lambert*, Editions Bayard, 2015
– Viviane Lambert, *Pour la vie de mon fils*, Editions Plon, 2015
– François Lambert, *Pour qu'il soit le dernier – la vérité sur l'affaire Vincent Lambert*, Editions Robert Laffont, 2020
– Ixchel Delaporte, *L'affaire Vincent Lambert – enquête sur une tragédie familiale*, Éditions du Rouergue, 2020
– Emmanuel Hirsch, *Vincent Lambert – une mort exemplaire ?*, Éditions du Cerf, 2020
– sous la direction d'Anne Boissel, *Vivre en état de conscience altérée après un coma – Regards croisés de familles et de professionnels*, Champ social édition, 2020.
– Adrian Owen, *Into the gray zone*, Éditions Scribner, 2017
– Pierre-André Juven, Frédéric Pierru, Fany Vincent, *La casse du siècle, à propos des réformes de l'hôpital public*, Editions Raisons d'Agir, 2020
– Francis Descarpentries et Aude Fani, *Les psychothérapies en prison*, éditions L'Harmattan, 2013
– Christiane de Beaurepaire, *Non-lieu – Un psychiatre en prison*, Editions Fayard, 2009

Les citations reproduites au sein des pages du « *lundi 15 juillet 2019* » sont extraites de l'article « *Vincent Lambert est mort, neuf jours après le début de l'arrêt des traitements* » par François Beguin, publié dans le journal Le Monde le 11 juillet 2019.

Les citations reproduites au sein des pages du « *vendredi 16 août 2019* » sont extraites des conclusions de M. Rémi Keller, rapporteur public, prononcées à l'audience de l'assemblée du contentieux du Conseil d'État du 20 juin 2014.

Pour qui souhaite écouter *la Romance de Nadir*, je recommande deux interprétations, disponibles sur Youtube :

– Roberto Alagna, orchestre de Paris sous la direction de Michel Plasson, 2009

– David Gilmour, Meltdown Festival, Royal Festival Hall, 2001

Je remercie tous mes premiers lecteurs et correcteurs : Anne-Sophie, Élodie, Florence, Maxence, Thomas, Édith, Françoise, Jean, Agathe, Jean-François, ainsi que Frédérique, Myriam et Jessica, pour leur temps, leur vigilance, leurs critiques constructives, et leurs encouragements.

Je remercie infiniment mon épouse, nos enfants, mes associés et notre équipe pour leur aide, leurs conseils, mais aussi leur patience et leur compréhension au long des quatre années de travail sur ce projet.

Dépôt légal mai 2024

Librinova

www.librinova.com

Achevé d'imprimer chez SoBook le 12-06-2024
Linselles - France

Nos papiers sont issus de forêts gérées durablement

RSE imprifrance

N° impression : 915 028